기독교문서선교회 (Christian Literature Center: 약칭 CLC)는 1941년 영국 콜체스터에서 켄 아담스에 의해 시작되었으며 국제 본부는 미국 필라델피아에 있습니다. 국제 CLC는 59개 나라에서 180개의 본부를 두고, 약 650여 명의 선교사들이 이동도서차량 40대를 이용하여 문서 보급에 힘쓰고 있으며 이메일 주문을 통해 130여 국으로 책을 공급하고 있습니다. 한국 CLC는 청교도적 복음주의 신학과 신앙서적을 출판하는 문서선교기관으로서, 한 영혼이라도 구원되길 소망하면서 주님이 오시는 그날까지 최선을 다할 것입니다.

김병훈 박사 | 합동신학대학원대학교 조직신학 교수

원죄 아래 있는 모든 사람은 마음이 부패하여 죄를 행함으로 영원한 형벌을 받을 수밖에 없는 죄인이다.
하나님께서 이 죄인을 어떻게 의롭다 하시는 것일까?
오직 은혜로 의롭다 하신다는 것이 성경의 교훈이다. 그러면 이 질문을 조금 바꾸어 보자.
원죄 아래 있는 우리는 하나님 앞에서 어떻게 의롭다 함을 받을 수 있을까? 이 질문에 대한 성경의 가르침은 믿음이다. 죄인은 그리스도를 믿음으로 의롭다 함을 받는다.
그렇다면 이 믿음은 하나님의 선물인가? 아니면 사람의 선택인가?
칼빈주의는 하나님의 은혜의 선물이라 하고, 알미니우스는 사람의 선택이라고 한다. 칼빈주의에 따르면 의롭다 함을 받는 것은 하나님의 은혜인 것이고, 알미니우스에 따르면 사람의 선택에 의한 것이다. 이러한 신학의 차이는 그리스도를 믿는 신앙의 성격을 완전히 바꾼다. 알미니우스주의는 본성의 부패와 연약함 가운데 있는 죄인이 영혼의 불안과 메마름을 피할 수 없도록 신학적 오류를 범한다. 칼빈주의는 본성상 부패하여 전적으로 무능력한 죄인이 오직 하나님의 은혜만으로 온전히 믿음을 고백하게 되며 영원한 생명을 받게 된다는 구원의 복음을 성경에 따라 바르게 교훈한다.
패커는 이 책에서 이러한 신학의 차이를 아주 쉽게, 그리고 실제적 의미를 드러내며 정리해 준다. 알미니우스주의의 오류에서 교회를 보호하고 그리스도의 복음을 온전히 제시한 도르트 신조가 나온 지 400년이 지난 지금에 이 책을 통해 그 의미와 교훈을 다시 살피는 일은 실로 의의가 크다 할 것이다. 일독을 권한다.

김홍만 박사 | 사우스웨스턴리폼드신학대학원 총장

제임스 패커는 존 오웬의 작품인 *The Death of Death in the Death of Christ*의 서문을 쓴 바 있다. 그 글은 오웬의 알미니우스주의 논박에 대한 현대적 적용이라고 할 수 있는데, 20세기의 최고의 신학 논문 중에 하나로 뽑힌다. 그 글에서 패커는 현대 복음주의가 알미니우스주의에 영향을 받아서 새 복음을 만들어 낸 것을 지적했고, 성경에 있는 그대로의 옛 복음을 외쳐야 함을 강조했다. 이처럼 패커는 알미니우스주의에 정통한 몇 명 안 되는 신학자

가운데 한 사람이다.

이 책은 칼빈주의와 알미니우스주의를 교조주의Dogma Centering 관점에서 대립해서 볼 것이 아니라, 성경을 이해하는 데 있어서 무엇이 어떻게 다르며, 그 다른 것을 성경적으로 어떻게 보아야 할 것인가를 제시하고 있다. 더욱이 알미니우스주의에 대해서 역사신학 방법으로 분석하여서 단지 17세기의 칼빈주의와 알미니우스주의로 국한해서 볼 것이 아니라, 그 이전과 이후의 신학적 강조의 차이를 보게 했다. 비교적 짧은 분량의 책이지만, 역사신학적으로 관통하고 있어서, 알미니우스주의의 신학적 특성들을 볼 수 있게 했으며, 또한 칼빈주의가 신학적으로 무엇을 강조하는지를 잘 드러냈다. 따라서 칼빈주의와 알미니우스주의를 대립 논쟁 방식으로만 이해하고 있다면, 이 책의 일독을 강력히 추천한다.

최 더 함 박사 | 개혁신학포럼 책임전문위원

문제는 '성경이 무엇을 말하는가?'이다.

역사적으로 알미니우스주의는 세 가지 잘못된 생각과 오해를 하고 있다.

첫째, 하나님의 전능하심과 완전하심에 대한 이해의 부족이다. 하나님이 하시는 일을 하나의 가능성(possibility)으로 보는 것 자체가 '하나님의 하나님 되심'(God is God)에 대한 중대한 도전이다. 하나님의 주권은 완전하시고 인간에 의해 논쟁의 대상이 되어야 할 영역이 아니다.

둘째, 하나님과 인간을 같은 선상에 올려놓는 위험한 일을 감행했다. 파르메니데스(Parmenides) 이후 존재론적인 면에서 '존재'는 오직 하나님에게만 적용되는 용어이자 호칭이다. 하나님 이외 모든 것은 '존재물'이다. 그런데 알미니우스주의는 인간을 자유의지를 가진 '하나의 긍정적인 존재'로 부각시켰다. 성경은 인간은 전적으로 타락한 죄인이라 말한다. 안토니 후크마가 이 상태를 '날개는 가졌으나(구조적 부분) 날지 못하는 새(기능적 부분)'라고 표현한 것은 매우 적절한 비유이다.

셋째, 알미니우스주의는 모든 인간을 같은 부류로 보는 잘못된 전제를 가지고 있다. 성경은 분명히 모든 인간이 다 하나님의 자녀가 아니라고 진술한다. 하나님은 자기가 택하신 당신의 자녀를 구원하신다. 이 일은 만세 전에 성 삼위 하나님 간의 영원한 언약으로 결정된 사실이며 하나님은 자기의 이 완전한 계획을 반드시, 추호도 망설임 없이 진행하시고 성취시키신다. 예수님은 하나님 자녀의 구속 값을 지불하기 위해 십자가에 죽으셨다.

저자 제임스 패커는 영국 성공회 사제이자 영국의 복음주의를 대표하는 (현재는 영국계 캐나다인으로 북미와 전 세계 복음주의를 선도해 온) 사람으로 다행스럽게 칼빈주의를 믿고 따른다. 그의 지적 수준은 놀랍다. 특별히 그는 이 책에서 알미니우스의 내면을 들여다보면서 그들을 이성적 알미니우스주의와 복음적 알미니우스주의로 분류하고 웨슬리를 평가했다. 이런 점에서 패커는 웨슬리에 대해 따뜻한 우정을 느끼고 있는 듯하다.

그러나 그는 알미니우스주의의 어지러운 주장들에 대해 그들이 이렇게 다양한 것은 그들의 입장들이 원천적으로 불안정하기 때문이라고 진단한다. 알미니우스주의자들은 패커의 이 진단에 귀를 기울이고 성경이 무엇을 말하는가에 굴복해야 한다.

좋은 책을 번역하여 세상에 내놓은 이스데반 목사님의 노고를 치하한다. 좋은 재능을 계속 활용하여 길을 잃은 한국교회를 위해 많은 수고와 헌신으로 섬기길 소망하며 하나님의 은총을 기원한다.

이 태 복 목사 | 미국 새길개혁교회

모든 그리스도인들이 이 책을 읽어야 한다고 생각한다. 왜냐하면 그리스도인은 칼빈주의와 알미니우스주의라는 2가지 큰 신학적 틀 중의 어느 한 틀에 서 있을 수밖에 없기 때문이다. 우리는 기독교 전통에 존재하는 서로 다른 신학적인 큰 틀을 올바르게 이해하고 우리와 다른 신학적 틀에 서 있는 사람들을 어떤 관점으로 바라보아야 하는지 배울 필요가 있다. 왜냐하면 우리는 자신과 신학이 다른 그리스도인들과 어울려 살 수밖에 없기 때문이다. 특별히 알미니우스주의 신학 노선에 서 있는 복음주의 형제들에 대하여 날선 비판을 할 뿐 그들을 이해하지 못하는 칼빈주의자들에게 이 책을 꼭 권하고 싶다. 이 책은 알미니우스주의에 대한 정확한 설명과 함께 칼빈주의에 대한 오해가 알미니우스주의의 발현과 유행에 어떤 관련이 있는지를 잘 보여주고 있기 때문이다.

박재은 박사 | 총신대학교 & 총신대학교 신학대학원 조직신학 강사

지피지기백전불태知彼知己百戰不殆라는 말이 있다. 상대를 알고 나를 알면 백 번 싸워도 위태롭지 않다는 뜻이다. 교회 역사 속에서 개혁신학과 오랜 세월 동안 신학적 대척점에 서 있었던 사상들 중 대표적 사상이 바로 알미니우스주의이다. 이러한 대척점은 현재도 지속되고 있을 뿐만 아니라 앞으로도 계속 진행될 것이다. 개혁신학의 정수를 제대로 파악하기 위해서는 알미니우스주의의 정수를 파악해야 하며, 만약 알미니우스주의의 정수를 제대로 파악한다면 개혁신학의 본질에 훨씬 더 쉽게 접근할 수 있다. 즉 지피지기백전불태인 것이다.

하지만 알미니우스주의를 제대로 파악하는 것은 쉽지 않은 일이다. 그 이유는 알미니우스주의 안에도 다양한 분파와 미묘한 차이점들이 존재하기 때문이다. 이 책은 그런 측면에서 필독서이다. 제임스 패커 특유의 명료함과 논리 정연함으로 알미니우스주의의 신학적 본질뿐만 아니라 미묘한 분파적 차이점 또한 정확히 짚어 냈다.

특히 역자인 이스데반 목사님의 정확한 번역을 통해 훨씬 더 선명한 가독성의 날개를 타고 알미니우스주의에 대한 신학적 산책이 가능하게 됐다. 이 책은 패커의 마지막 결언처럼 "알미니우스주의자들에 대해 거룩하고 애정 어린 태도로 참된 신학을 증거"하려는 마음이 있는 분들이라면 절대로 지나쳐서는 안 되는 필수적 자료이다.

알미니우스주의

Arminianisms

Arminianisms
Written by James I. Packer
Translated by Stephen Lee

Copyright © 1985 by J. I. Packer
All rights reserved.

Translated and printed by permission of J. I. Packer.
Korean Edition Copyright © 2019 by Christian Literature Center, Seoul,
Republic of Korea.

알미니우스주의

2019년 6월 28일 초판 발행

지은이	제임스 패커
옮긴이	이스데반
편집	곽진수
디자인	박인미
펴낸곳	(사)기독교문서선교회
등록	제16-25호(1980.1.18)
주소	서울특별시 서초구 방배로 68
전화	02-586-8761~3(본사) 031-942-8761(영업부)
팩스	02-523-0131(본사) 031-942-8763(영업부)
이메일	clckor@gmail.com
홈페이지	www.clcbook.com

ISBN 978-89-341-1996-8 (93230)

이 도서의 국립중앙도서관 출판예정도서목록(CIP)은
서지정보유통지원시스템 홈페이지(http://seoji.nl.go.kr)와 국가자료공동목록시스템
(http://www.nl.go.kr/kolisnet)에서 이용하실 수 있습니다.
(CIP제어번호: CIP2019021610)
이 한국어판 저작권은 저자, J. I. Packer와 독점 계약한 (사)기독교문서선교회가 소
유합니다. 신저작권법에 의하여 한국 내에서 보호를 받는 저작물이므로 무단 전재
와 무단 복제를 금합니다.

알미니우스주의

제임스 패커 지음 · 이스데반 옮김

CLC

Dec. 6, 2013

Dear Dr Lee

Thank you for your letter.

I very gladly give you permission to translate my article on "Arminianisms" into Korean, and to publish and distribute it, just as you wish.

All blessings in Christ.

Sincerely,

James Packer

James Packer

친애하는 이 박사님께,

편지에 감사드립니다.
당신이 원하는 것처럼
저의 논문 "알미니우스주의들"을[1]
한글로 번역하고 출판하여 배포하도록
매우 기쁜 마음으로 허락합니다.

그리스도 안에서 모든 복이 가득하시길.
진실한 마음으로,

제임스 패커[2]

---

[1] 다음의 웹 사이트에서 논문의 전문을 확인할 수 있다. https://www.the-highway.com/articleSept16.html(접속일자: 2019.5.20.). 이 논문은 이 웹사이트 외에도 여러 형태로 편집되어 출판됐다.

[2] 패커 박사님이 직접 수동 타자기로 치고 서명하여 보낸 원본 영문 편지는 그가 읽고 쓰기가 불가능해질 정도로 시력이 나빠지기 전인 2013년 12월 6일자로 작성된 것임을 밝혀 둔다.

목차

추천사　김병훈 박사, 김홍만 박사, 최더함 박사
　　　　이태복 목사, 박재은 박사　　　　　　　　1
역자 서문　　　　　　　　　　　　　　　　　　12

제1장　이 책의 목적　　　　　　　　　　　　　16
제2장　알미니우스주의란 무엇인가?　　　　　　20
제3장　이성주의적 알미니우스주의　　　　　　　34
제4장　칭의와 하나님　　　　　　　　　　　　　47
제5장　복음주의적 알미니우스주의　　　　　　　73
제6장　칼빈주의와 알미니우스주의 사이의 분열　86
제7장　알미니우스주의의 원인과 그 치유책　　　100

부록 1　구원론에 있어서 독력주의와 협력주의　　105
부록 2　항변자들의 5개 조항　　　　　　　　　　107
부록 3　람베스 조항　　　　　　　　　　　　　　113

역자 서문

이스데반 목사
자라가는교회 담임

금세기 최고 신학자들의 부류에 속하는 제임스 패커^{James I. Packer} 박사(그는 자신을 개혁파 복음주의자^{reformed evangelical}로 칭한다)의 알미니우스주의에 대한 평가는 때때로 동정적이지만 냉철한 객관성을 가진다. 그리고 해결할 수 없는 문제를 해결하도록 제안하는 그의 어조는 긍정적이고 강한 도전을 준다.

패커 박사는 이 책을 통해 성경적 교리의 타협이 아니라, 그 교리에 부합하는 삶의 실천을 강조한다. 우리가 가져야 할 것은 성경적 교리의 정교함과 더불어 그에 맞는 온화하고 역동적인 실천이다. 이점은 모든 칼빈주의자들을 겸손케 한다.

역자가 스승으로 여기는 R. C. 스프로울^{R. C. Sproul, 1939-2017}의 말대로 "모든 사람은 본성적으로 알미니우스주의자"이다. 은혜의 깊은 바다 속에서 자신의 무능을 절감하고 하나님을 체험하기 전까지는 말이다. 그러므로 주님이 다시 오실 때까지 알미니우스주의자들은 항상 칼빈주의자들과 함께 있을 것이다.

그런 까닭에 깊은 바다 속 바닥에까지 내려가 보물을 찾고 만져 보고 환호하는 칼빈주의자들은, 바닥에 내려가지 않은 채 아직도 보물을 찾고 있는 알미니우스주의자들을 사랑으로 인도하여 이들도 환호하게 해야 할 것이다.

이 책의 원문에는 주제별로 큰 제목이 있으나, 역자가 독자의 편의를 위하여 주제별 큰 제목을 장으로 처리하고, 소제목을 만들었으며, 각 장 끝에는 "요약"과 "더 읽을 자료"를 추가했는데, "더 읽을 자료"는 각 장에서 언급된 내용과 관련된 추가적 논의나 자료 등을 소개한다.

또한 비중 있는 인물들 중 생몰년(生沒年)이 확실한 경우, 독자의 이해를 돕기 위해 연도를 추가했다.[1]

"부록 1"은 역자가 독자의 편의를 위하여 이 책의 내용과 관련성이 있는 부분들을 정리한 것이다. 충분하지는 않지만 구원에 있어서 독력주의 monergism와 협력주의 synergism의 관점을 한 눈에 파악하기에는 도움이 될 것이라 생각한다.

"부록 2"는 항변자들이 1610년에 제출한 "항변서 5개 조항"The Five Articles of the Remonstrants, 1610을 번역하여 실은 것이다. 항변서가 가진 문제점을 도르트 신조와 비교하여 파악하는 일은 독자의 몫이다.[2]

"부록 3"은 이 책에서 패커가 언급한 람베스 조항The Lambeth Articles, 1595을 역자가 번역한 것이다.

---

[1] 저자인 패커 박사 자신을 포함하여 이 책에 나오는 인물들 중 일부에 대한 간략한 전기는 다음의 자료를 통해서 볼 수 있다. 티모시 라슨·D. W. 베빙톤·마크 A. 놀 편집, 『복음주의 인물사』, 이재근, 송훈 역 (서울: CLC, 2018).

[2] 도르트 신조 작성에 대한 잘 정돈된 역사적 개관은 다음의 자료를 참조하라. 헤르만 셀더하위스, 『비텐베르크에서 도르트까지』, 김병훈 외 4인 역 (수원: 합신대학원출판부, 2018), 212-247.

패커 박사는 우리나라의 독자들을 위하여 이 논문의 번역과 출간을 역자에게 일임해 주었으므로 그에게 감사의 뜻을 표한다. 또한 적실한 추천사를 써주신 다섯 분의 목사님 및 교수님들께도 감사드린다. 기꺼이 이 책의 출간을 맡아 준 기독교문서선교회(CLC)의 대표 박영호 목사님과, 독자들이 읽기에 편리하도록 둔탁한 역자의 원고를 정돈해 주신 곽진수 목사님에게 감사드린다.

삼위일체 하나님께서 이 작은 책을 통해 합당한 높임을 받으시기를 소망한다. 왜냐하면 하나님의 섭리의 관점에서 본다면 알미니우스주의는 성경적 신학과의 대조를 통해서 더 많은 사람들이 더 온전한 경배로 나아오도록 하나님께서 칼빈주의 옆에 붙여 두신 것으로 볼 수 있기 때문이다. 또한 여러 유형의 알미니우스주의들은 성경이 말하는 오직 은혜로 말미암는 믿음의 성격을 부각시켜 주는 대조군들로 쓰임받기 때문이다.

참된 신학을 추구하는 신학생들과 목회자들이 이 책을 읽을 것으로 생각되므로, 패커 박사의 다음의 권고를 붙임으로 글을 맺고자 한다.

> 저는 젊은 목회자들에게 '깊이 파고, 깊은 곳에 거하라' dig deep and dwell deep는 말씀을 드립니다. 저는 '피상성' superficiality이 오늘날 복음주의권의 가장 취약한 점이라고 생각합니다. 저는 오늘날 복음주의 지도자들이 빠져들고 있는, 엔터테인먼트에 사용되는 기술이 제가 의미하는 성경적 진리, 성경적 삶의 실제 속으로 깊이 파 내려가 그 깊은 곳에 거하는 일에 있어서는 실패만 조장할 뿐이라고 생각합니다.

그다음, 저는 여러분의 복음주의적 친구들에게서 '몰이해를 기대하라'고 말씀드립니다. 왜냐하면 피상성은 그 스스로의 얕음이나 혹은 더 깊이 들어가야 할 필요성을 항상 인식하게 만들지는 못하기 때문입니다.

교회의 큰 부류들로부터, 더 나아가 세속 사회로부터의 반대를 예상하십시오. 그리고 당신이 추구하는 강조점들에 대한 반대를 예상하십시오. 그런 강조점들은 반드시 아주 철저하게 익혀야 하는데, 제가 "깊이 파고, 깊은 곳에 거하라"라고 하는 말이 그것을 의미합니다.

모든 점에서 인간의 문화는 뒤죽박죽입니다. 그러므로 문화의 모든 측면은 올바른 길에 놓이기 위해 혁신되어야 합니다. 그리고 그러한 혁신은 이미 지혜를 발견했다고 생각하는 사람들로부터 환영받지 못할 것입니다. 그리고 그런 혁신은 곁길로 새 나가지 않도록 계속 밀고 나가야 합니다. 그러므로 저는 젊은이들에게 '반대를 맞이할 준비를 할 것'을 말씀드립니다.

마지막 권고를 드립니다. 기독교권 심지어 복음주의권이 필요로 하는 갱신에 관하여 당신과 비전을 공유하는 사람들과 교제하기를 추구하십시오. 주된 것은 영적인 진리와 영적인 갱신이고, 그다음이 교회와 관련된 문제들이라는 것을 인식하십시오. 그러면, 주님께서 당신과 함께 하실 것이며, 복 주실 것이며, 당신을 사용하실 것입니다. 그렇게 되기를 바랍니다. 아멘.[3]

도르트 신조 작성 400주년을 기념하며

---

3 다음 동영상의 12분 이후에 나오는 내용을 역자가 번역한 것이다. https://vimeo.com/42400654

제1장

이 책의 목적

1. 칼빈주의와 알미니우스주의가 대립하는 현실

종교개혁의 유산을 가진 교회들 가운데 "칼빈주의"Calvinism와 "알미니우스주의"Arminianism는 서로 대조시키기 위해서 전통적으로 한 쌍으로 사용된다. 검은색과 흰색, 혹은 휘그당원과 토리당원,[1] 혹은 로마 가톨릭과 개신교처럼 말이다. 이 단어들은 대조라는 관점에서 정의되며, 모든 기독교인은 예외 없이 어느 한쪽을 지지할 수밖에 없다. 비록 복음주의자들 가운데서 이 문제가 발생한 지는 이제 350년이[2] 넘었지만, 아직도 이 문제는 살아 있고 때때로 폭발적이다.

여전히 몇몇 사람들은 자유주의자의 입술에서 나오는 "근본주의"fundamentalism라는 말처럼, "칼빈주의"와 "알미니우스주의"를 저주스러운 욕설인양 내뱉는다. 그리고 만일 당신이

---

[1] 역주: 1679년 잉글랜드 의회 내에서 왕위계승권 찬반 문제로 대립했던 양 진영의 사람들을 말한다.
[2] 역주: 저 기간은 저자가 이 글을 작성할 당시의 기준이다.

어느 한쪽을 지지한다면 다른 한 쪽을 지지하는 사람으로부터 교제와 존경 모두를 잃을 수 있는 위험을 지니게 된다.

칼빈주의자에게만 안수를 주는 장로교회들이 있고 알미니우스주의자들에게만 안수를 주는 감리교와 나사렛 교단들이 있다. 그리고 알미니우스주의적 용어인 "보편적인"general 혹은 "자유 의지"free-will와 같은 단어들과 칼빈주의적 용어인 "특정한"particular 혹은 "개혁주의"Reformed와 같은 단어들 사이의 분할은 대서양 양쪽에 있는 침례교 공동체들 안에서도 분열을 일으킨다.

복음주의 안에서, 복음주의자들 사이의 협력은 때때로 이 문제에 대한 불일치와 불신 때문에 방해를 받는다. 마치 18세기에 칼빈주의적 복음주의자들과 존 웨슬리John Wesley, 1703-1791 진영의 사람들이 가끔 함께 일하는 것이 어려웠던 것처럼 말이다.

한쪽 진영에서 다른 진영이 하나님의 구원하시는 사랑을 잘못 제시한다고 생각할 때, 그러한 긴장이 존재하는 것은 놀라운 일이 아니다. 오히려 놀라운 점은 신학에 대한 진지한 관심을 고백하는 너무나 많은 기독교인이 이 논의를 아무런 유익도 없고 관여할 필요도 없는 개념 중 하나로서 취급하려 한다는 점이다.

2. 올바른 이해와 평가

이 글은 칼빈주의와 알미니우스주의 사이의 대립을 이해하고 평가하기 위한 것이다. 이런 목적을 위해 우리는 3가지 질문을 고찰할 것이다.

첫째, 알미니우스주의란 무엇인가?

둘째, 알미니우스주의와 칼빈주의 사이의 분열은 얼마나 심각한가?

셋째, (알미니우스주의를 병적인 성장으로서 평가할 이유를 알게 됐다는 가정하에) 무엇이 알미니우스주의를 발생시키며, 그것에 대한 치유책은 무엇인가?

그러나 이 문제들을 풀어 나가기 전에 한 가지 경고를 해야겠다. 우리의 관심은 사건들에 대한 것이지 단어들에 대한 것이 아니다. 우리가 다루어야 할 문제는 부득이하게 칼빈주의 그리고 알미니우스주의라는 단어들을 자주 말하게 할 것이다. 그러나 우리의 목적은 구호를 외치고 욕하는 나쁜 습관을 재생시키기 위한 것이 아니다.[3] 문제는 하나님과 그분의 은혜에 대해서 성경이 무엇을 말하는지를 참되게 붙들어야 하지, 역사신학으로부터 파생된 유형의 꼬리표들을 흔들

---

[3] 존 웨슬리는 이렇게 말한다. "이것은 모든 알미니우스주의 설교자들의 의무이다. … 결코 공적으로 혹은 사적으로 비난하기 위한 목적으로 칼빈주의자라는 단어를 사용하지 않아야 한다. … 그리고 이것은 모든 칼빈주의 설교자들의 의무이다. … 비난하기 위한 목적으로 알미니우스주의자라는 단어를 결코 사용하지 않아야 한다"(*Works*, "from the latest London edition" [New York: Lane and Scott, 1850], V:134). 이 제의를 반박하기는 어려울 것이다.

어 대는 것이 아니다.

  필자가 믿기는 그리고 다른 사람들도 그렇게 믿기를 바라는 바는, 올바른 교리들은 통상적으로 칼빈주의적이라고 이름 붙여진다는 점이다. 그러나 필자는 단어들에 대해 논쟁을 하려는 것이 아니다.

  은혜 안에서 하나님의 주권에 대한 성경적인 증거들을 받아들인 사람은 진실로 복되다. 그러나 그가 자신을 칼빈주의자라고 이름 붙인다고 해서 더 좋은 상황에 있다고 할 수는 없다. 아마도 진실로 상황이 더 나쁜 것 같다. 왜냐하면, 당을 짓는 열정과 진리에 대한 사랑은 서로 다른 것이기 때문이다. 그리고 당을 짓는 열정에 탐닉하는 것은 진리에 대한 사랑을 시들게 하는 경향이 있다.

요약

1) 때때로 칼빈주의와 알미니우스주의는 강하게 대립된다.
2) 칼빈주의라는 어휘적 유형에 얽매이는 것보다는 성경의 진리에 대한 사랑이 중요하다.

제2장

알미니우스주의란 무엇인가?

1. 역사신학적 접근: 예정과 조건성

역사적으로 볼 때, 알미니우스주의는 베자$^{Theodore\ Beza,\ 1519-1605}$의 칼빈주의와 도르트 총회$^{the\ Synod\ of\ Dort}$에 대한 반응으로서 등장한 것이다. 알미니우스주의는 바그날 $^{W.\ R.\ Bagnall}$의 다음과 같은 말에서 잘 드러난다.

> 절대적 예정$^{absolute\ predestination}$에 대한 반대로서 조건적^{conditional} 예정을 주장하고, 특정적^{particular} 구속에 대한 반대로서 보편적^{general} 구속을 주장한다.[1]

이러한 언어적인 대조는 간단하거나 분명해 보이지만 실상은 그렇지 않다. 왜냐하면, 형용사를 바꾸는 것은 명사를

---

[1] *The Writings of Arminius*, tr. James Nichols and W. R. Bagnall (Grand Rapids: Baker Book House, 1956), I:iii.

재정의하는 것과 관련되기 때문이다.

바그날이 말하고자 했던 것은 칼빈주의는 조건성이 배제된 예정과, 특정성이 본질적인 구속을 믿지만 알미니우스주의는 이 둘을 부인한다는 점이었다. 차이점은 이것이다.

칼빈주의에 있어서 예정은 본질적으로 개인의 운명에 대한, 하나님의 무조건적인 결정 unconditional decision이다. 그러나 알미니우스주의에 있어서 예정은 은혜의 수단들을 제공한다는 측면에서 본질적으로 하나님의 무조건적인 결정이지만, 개인의 운명에 대한 결정의 측면에서는 이차적 secondary이고, 조건적이며, 각 사람이 그러한 은혜의 수단들을 어떻게 사용할 것인지에 대한 하나님의 미리 내다보심 foresight에 결과적 consequent인 것이다.

칼빈주의에 있어서 개인에 대한 예정은 그들의 행위들(복음에 대한 그들의 반응을 포함하는)과 그것에 따른 운명 모두에 대한 바로 그 선(先)결정 the foreordaining을 의미한다. 알미니우스주의에 있어서 예정은 하나님께서 개인이 어떻게 행동할지 미리 정하신 것이 아니라, 사람이 스스로 취하게 될 행동을 미리 내다보시고 그 행동들에 따르는 여러 가지 운명들에 대하여 '어떤 하나의' 선결정 a foredoraining을 하신 것이다.[2]

알미니우스주의자들은 하나님께서 인류의 구세주이신 그리스도와, 회개와 믿음에 따른 구원과, 세상 모든 이들의 마음속에 하나님께 반응하기에 충분하고 보편적인 내적 은혜의

---

[2] 역주: 그러므로 칼빈주의는 주권적 예정이지만, 알미니우스주의에서는 인간 스스로의 선택적 행위에 의존하는 예정이다.

선물을 예정하셨다는 점에서는 동의하지만, 믿기로 예정된 사람이 있다는 점에 대해서는 반대한다.

칼빈주의적 관점에서 선택 election은 하나님 편에서의 예정의 행위인데, 이것은 믿음을 통하여 예수 그리스도에 의해 구원하려는 목적으로 하나님께서 특정한 죄인들을 유효하게 선택하신 것을 의미한다. 그리고 구속 redemption은 하나님의 선택의 목적을 이루기 위한 첫 단계인데, 부르심, calling 용서, pardon 양자 삼음, adoption 견인, preservation 최종적인 영화, final glory와 같은, 모든 택자에 대한 확실한 구원을 실제적으로 확보하는 하나의 성취이다.

그러나 알미니우스주의적 관점에서 보면, 그리스도의 죽음이 획득한 것은 보편적으로 죄인들을 구원하기 위한 하나의 가능성 possibility인데, 이것을 가능성이라고 한다면 하나님의 편에서 볼 때 단 하나의 경우도 결코 실제화되지 않을 수도 있다. 또한 각 개인을 구원으로 선택하는 일은 선결정되지 않은 불확정적인 문제로서, 우리가 흔히 말하는 것처럼, 누가 믿을 것이고 영광에 합당한지를 단순히 하나님께서 미리 아시는 것일 뿐이다.

반면에 칼빈주의에서 말하는 선택은 실제로 구원하기 위한 하나님의 굳은 결심 resolve이며, 십자가는 실제로 구원하기 위한 그리스도의 행동 act이다. 알미니우스주의에서 말하는 구원은 궁극적으로 하나님의 선택이나 그리스도의 십자가에 의존하지 않고, 하나님께서 보증하지 않으시는 '어떤 은혜'에 대한 인간의 협력 cooperation에 의존한다.

2. 성경신학적 접근: 하나님의 사랑과 주권

사랑의 하나님께서 타락한 인류와 관계 맺으시는 방법에 대한 이 두 개념들 간의 차이점을 성경적으로 정확히 찾아낼 수 있다. 알미니우스주의는 예수의 잔치 비유를 잔치에 참석하지 않았던 사람들을 대신하여 추가적인 손님들이 초청된다는 측면에서 복음 안에 있는 하나님의 사랑에 대한 전체적인 진리를 그려 주는 것으로 이해한다.^{눅 14:16-24; 참조, 마 22:1-10} 이런 관점에서 보면 하나님과 타락한 사람들 사이의 관계는 잔치를 베푼 어떤 사람이 주위의 모든 궁핍한 사람들에게 '와서 부요함을 즐기라'고 초청하는 이의 사랑과 비교되는 것으로 그친다.

그러나 칼빈주의는 여기서 멈추지 않는다. 오히려 잔치의 이야기를 돌보아야 할 양을 가진^{요 10:14, 16, 27; 참조, 6:37-40; 17:6, 11 이하} 목자와 연결한다.^{요 10:11-18, 24-29} 그 목자는 그 양들을 위하여 자신의 목숨을 버리고,^{요 10:15} 그 양들이 적절한 때에 목자의 음성을 듣고^{요 10:16, 27} 따르고^{요 10:27} 영원히 멸망하지 않게 될 것임을^{요 10:28} 보장한다. 다시 말해, 칼빈주의에 있어서 하나님의 사랑은 은혜롭게 초대하는 것으로 간단하게 끝나지 않고, 오히려 삼위일체 하나님께서 택자들이 반드시 반응하도록 은혜로운 행동을 발휘하신다고 믿는다.

이런 관점에서 보면, 구원하시는 그리스도와 그분을 구원자로 받아들이는 믿음은 하나님의 선물들이다. 그리고 믿음은 그리스도의 구속 사역과 마찬가지로 동일하게 선결정된 실제^{reality}이다. 알미니우스주의자들은 생명을 위하여 나아올 가능성이 있는 모든 사람에게 한 구원자를 보내시는 하나님을 찬양한다. 칼빈주의자들도 역시 그렇게 한다. 그러나 칼빈주의자들은 그들을 실제로 구원자의 발 앞으로 데려오시는 하나님을 찬양하는 데까지 나아간다.

그러므로 이 두 관점 사이의 기본적인 차이점은, 어떤 사람들이 생각하는 것처럼, 알미니우스주의는 성경을 따르고 칼빈주의는 논리를 따르는 것이 아니다. 알미니우스주의는 하나님의 사랑을 알지만 칼빈주의는 단지 하나님의 능력만을 아는 것도 아니다.

알미니우스주의는 믿음과 순종이라는 수단과 영생이라는 목적 간의 연결을 주장하는데, 칼빈주의도 이것을 부인하지 않는다. 알미니우스주의는 복음 안에 있는 그리스도의 참된 "값없는 제공"free offer을 인식하는데, 칼빈주의도 이것을 인식한다. 알미니우스주의는 하나님 앞에서의 인간의 책임을 인식하고 그리스도인의 삶 속에서 거룩한 노력을 요구하는데, 칼빈주의도 이런 것들을 반대하지 않는다.

알미니우스주의가 놓치고 있는 하나님의 구원하시는 사랑에 대한 차원을 칼빈주의는 인지한다는 점이 둘 간의 차이점이다. 즉 칼빈주의는 실제로 구원 받는 모든 사람을 믿음에로 이끌고 믿음 안에서 지키는 하나님의 주권을 인지한다. 알미니우스주의는 하나님께 감사해야 할 것들을 그리스도인들에게 많이 제공하지만, 칼빈주의는 더 많은 감사의 내용을 제공한다.

3. 항변파 알미니우스주의와 웨슬리안 알미니우스주의

1) 서로 간의 일치점과 차이점

알미니우스주의는 17세기로 전환하는 시점에 화란Holland, 네덜란드에서 발생했다. 그리고 1619년에 도르트Dort에서 열린 종교회의를 통해 많은 개혁주의자들로부터 정죄됐다. 그런데 잉글랜드에서는 알미니우스주의 전통의 가르침이 18세기까지 그리고 18세기 내내 지속됐다.

알미니우스주의는 웨슬리 가문의 유산의 일부였다. 그리고 존 웨슬리와 그의 동생 찰스 웨슬리Charles Wesley는 복음전도 사역을 하는 동안 시와 산문으로 칼빈주의자들과 싸웠다. 알미니우스주의적 복음주의 전통은 감리교도들뿐만 아니라 다른 부류의 사람들에 의해서도 유지되어 왔고 현재까지 그러하다.

존 오웬John Owen, 1616-83이 "벨기에의 세미-펠라기우스주의자들"Belgic semi-Pelagians 3이라고 불렀던 항변자들Remonstrants 및 그들의 지지자들이 주장한 알미니우스주의의 일반적인 취지와 실제적인 효과는 존 웨슬리의 알미니우스주의와 그가 발행한 잡지「알미니우스주의 잡지」*Arminian Magazine,* 1778와 4 그의 동료 존 플레처John Fletcher, 1729-85가 말하는 것과는 다르다는 것

3　John Owen, *Works*, ed. W. Goold (London: Banner of Truth, 1967), X:6.
4　전체 제목은 다음과 같다. *The Arminian Magazine: Consisting of Extracts and Original Treatises on Universal Redemption*. 1805년에 다음과 같이 개명됐다. *The Methodist Magazine*.

을 깨달아야 한다. 플레처의 『율법폐지론에 대한 첫 번째 점검』First Check to Antinomianism, 1771으로부터 발췌한 웨슬리의 교리에 대한 다음의 설명은 그 차이점을 우리에게 깨우쳐 준다.

> … 그(웨슬리)는 또한 어떤 사람들이 끔찍한 이단이라고 간주하는 '보편적인 구속'과 보편적인 구속의 필연적 결과들을 붙들었다. 그는 바울 사도처럼 그리스도에서 하나님의 은혜에 의하여 모든 사람을 위해서 죽음을 맛보았다고 단언한다. 그리고 그는 이 은혜를 그 자체로 모든 사람에게 값없이 확대되기 때문에 값없다고 부른다. … 그는 바울 사도처럼 자주 다음과 같은 사실을 발견한다. 그리스도는 '모든' 사람들 그러나 특별히 그들 중에 믿는 자들의 구원자이시다. 그리고 하나님은 '모든' 사람들이 구원 받게 되기를 원하신다. 이 사실은 그들의 도덕적인 힘과 복음의 취지에 부합된다. 그는 요한과 함께 하나님이 사랑이라는 점을 그리고 그리스도는 우리의 죄만이 아니라 '세상 전체'의 죄를 위한 화목제물이라는 점을 견지한다. … 그리고 그는 베드로와 함께 다음의 사실을 붙든다. 주님은 어떤 사람도 멸망하기를 원하지 않으신다. 오히려 '모든' 사람들이 회개하기를 원하신다. 그렇다. 하나님은 위선 없이 '모든' 사람들이 '모든 곳'에서 회개하기를 명하신다 ….

여기까지 웨슬리의 입장은 항변자들의 주장과 완벽하게 일치한다. 그러나 이어지는 플레처의 요점은 다음과 같다.

지금까지 웨슬리는 알미니우스Arminius의 의견에 동의한다. 왜냐하면, 웨슬리는 저명한 신학자 알미니우스가 여기까지는 성경과 초대 교부들의 견해에 부합했다고 생각하기 때문이다. 그러나 만일 알미니우스가 (『옥스퍼드의 경건』*Pietas Oxoniensis*의 저자가 아담스 박사에게 쓴 그의 편지에서 단언하는 바와 같이) "사람의 본성이 완전히 부패한 것을 부정했다면, 그리고 사람이 은혜의 도움 없이 하나님께로 돌이키기 위한 자유 의지를 여전히 가지고 있다고 단언했다면" 웨슬리는 알미니우스주의자가 아니다. 왜냐하면, 웨슬리는 사람의 '완전한'total 타락을 강하게 주장하고, 본성상 사람의 의지는 악을 행하는 일에만 자유롭기 때문에 하나님의 은혜가 먼저 악을 행하는 의지를 제지하고, 그후에 그를 지속적으로 개선시켜서 하나님께로 돌이키는 일이 가능하도록 그리고 그렇게 원하도록 만들어야 한다는 사실을 일관되게 주장했기 때문이다 ….[5]

이 문장들은 항변자들과 웨슬리안 알미니우스주의Wesleyan Arminianisms 사이의 기본적인 차이점을 우리에게 지적해 준다.

하나님이 관여되는 한 사람의 행위들이 부수적이라고 본다는 점에서, 그리고 하나님의 권세 아래 인간 행위가 불확정적이라는 그 특별하고 특정한 의미에서 볼 때 도덕적 능력

---

[5] John Fletcher, *Works* (London, 1814), II:232-34. 사람의 타락에 대한 웨슬리의 관점에 대한 플레처의 언급과 웨슬리가 그 관점을 고수했다는 중요한 증거는 다음의 자료에서 풍부하게 제공된다. *The Doctrine of Original Sin according to Scripture, Reason and Experience*(1757). 이것은 존 테일러(John Taylor, *Works*, V:492-669) 박사에게 보낸 100,000 단어로 된 플레처의 회신이다.

이 "자유 의지"free-will를 전제한다고 생각한다는 점에서 항변자들과 웨슬리안 알미니우스주의는 서로 일치한다.

하나님으로부터 나오는 계시가 사람들에게 도달하는 대로 모든 사람이 반응할 수 있는 힘을 실제로 가지고 있다고 주장하는 점, 그리고 사람을 실제로 구원하기에 충분한 계시가 모든 사람에게, 복음을 듣든지 아니 듣든지 간에, 도달한다는 점에서 그들은 또한 서로 일치한다. 역사적 중요성을 가진 칼빈주의는 이 모든 사항에 대하여 의문을 제기하겠지만 말이다.

그러나 이들 두 알미니우스주의들은 사람이 하나님께 반응하기 위한 능력을 타락 시점에 전적으로wholly 잃어버렸는지에 대한 질문에서 서로 의견을 달리한다.

웨슬리는 타락 시에 사람이 그 능력을 전적으로 잃어버렸다고 말했지만, 지금은 은혜의 선물로서 모든 사람에게 회복됐다고 보았다.

항변자들(웨슬리와는 다른 것처럼 보인다)은 사람이 원래부터 그 능력을 전적으로 상실하지는 않았으며, "전적 무능력"total inability은 아담 안에 있는 사람의 상태에 대한 참된 진단이 아니라고 말했다. 항변자들은 사실상 죄는 도덕적이고 영적인 영역 안에서 사람을 약하게weak 만들기는 했지만, 악하게bad 만들지는 않았다고 주장했다. 사람은 느리지만 여전히 스스로 옳은 것을 향해 나아갈 수 있는 능력을 갖추며, 하나님의 도우심이 결정적인 것은 아니지만 실제로 사람을 강력하게 도우셔서 각각 특정한 옳은 선택을 하게 하신다고 보았다.

웨슬리는 사람이 각각의 옳은 선택을 하는 중에 이미 존재하는 능력이 발휘되도록 하나님께서 도우신다는 점에는 동의했다. 그러나 이 능력은 십자가의 결과로 말미암아 모든 인류에게 초자연적으로 회복됐기 때문에 지금은 존재하게 된 것으로 보았다.

웨슬리는 사람이 옳은 선택을 함에 있어서 사람의 협력을 하나님의 북돋우심 energizing과는 구별되고 독립적인 어떤 것으로서 본다는 점에서 항변자들의 신-인 협력주의 synergism를6 수용했지만, 협력하는 능력 그 자체가 하나님께서 죄인들에게 주시는 사랑의 선물이라고 주장했고, 원죄가 그 능력의 상실에 관련된다는 칼빈주의적 교리는 전적으로 너무 강한 것만은 아니라고 보았다.

2) 각각의 귀결

이러한 차이점은 대조되는 요지를 가진 두 개의 알미니우스주의를 낳았다. 항변자들의 요지는 타락한 인간 본성의 가치를 높이고, 죄를 축소시키고, 기독교를 은혜의 도덕주의 moralism of grace로 재구성시킨다(은혜의 도덕주의는 로마 가톨릭주의 Roman Catholicism처럼 하나의 체계인데, 이 체계 안에서 은혜는 도덕적 노력으로 구원에 이르는 것을 가능하게 만든다. 신약의 용어를 빌려 말한다면, 이것은 유대화된 기독교인데 진실로 "다른 복음"이다). 항변자들의 결말은 도르트 총회 이후의 18세기에서 나타난 대로 내적인 은혜 internal grace가 전혀 없는 도덕적 공로 merit of morality에

---

6   역주: 신-인 협력주의에 대해서는 역자가 작성한 "부록 1"을 참조하라.

의한 구원을 주장하는 이신론Deism이었다.

그러나 웨슬리의 요지는 분명히 반(反)이신론적 anti-deistic이고, 전적으로 실제적인 것은 아니더라도 취지상으로는 또한 반(反)도덕주의적 anti-moralistic이었다.[7] 웨슬리는 은혜를 돋보이게 하려고 죄를 극대화시켰다. 한때 성공회적 도덕주의Anglican moralism의 희생자였던 그는 오직 그리스도를 믿음으로 말미암는 현재적 칭의present justification를 주장하고, 참된 기독교의 도덕은 의롭게 하는 믿음의 열매라는 점과 자기부인적 신뢰는 믿음의 진정한 본질이라는 점을 인정함으로써 성공회적 도덕주의에 대항했다.

3) 각각의 동기

항변파 알미니우스주의는 동기에 있어서 인본주의적이고 이성주의적이었다. 즉, 사람의 자율성과 자기 결정을 내세우기 위하여, 설정된 목적을 이루시는 하나님의 주권에 한계를 두었다. 그렇게 함으로써 그는 사람의 죄의 조성자는 하나님이 아니라 사람이고, 사람이 죄에 대한 해명account을 합당히 요구받을 수 있다는 것을 보여주고자 했다.[8]

웨슬리안 알미니우스주의의 직접적인 동기는 종교적이었다 (사실상 신학적이기보다는 종교적). 그래서 구원에 있어서 하나님

---

[7] 역주: 이 책에서 '도덕주의'는 인간의 행위적 순종을 구원에 기여하는 것으로 여기는 것과 관련된다.
[8] 역주: 여기에서 패커 박사가 항변파 알미니우스주의를 이성주의적 알미니우스주의로 부르는 이유가 드러난다.

의 사랑을 보여 주고 매일의 삶과 실천에 있어서 믿음의 능력을 보여 주려고 했다.

4) 믿음의 본질에 대한 차이점

항변파 알미니우스주의는 이후에 생긴 백스터주의^{Baxterianism}처럼,[9] 새로운 순종^{new obedience}에 대한 본질적인 헌신으로서의 믿음은 자발적^{voluntaristic}이라는 관점을 취했다. 이 관점은 믿음을 회개^{repentance}와 동화시켜서, 믿음이 구원을 결정하는 하나의 인간적인 일처럼 보고 느낄 수 있게 만든다.

그러나 웨슬리안 알미니우스주의는 이전의 루터파와 칼빈주의자를 모두 포함하는 종교개혁 신학처럼, 믿음을 회개로부터 구별시켰다. 그래서 믿음을 정의하기를 믿음은 그리스도께 대한 확실한 신뢰로서, 성령의 증거와 상관성을 가지고 하나님의 율법이 유발하는 절망과 무력감으로부터 솟아나는 것이라고 했다. 웨슬리는 믿음의 심리학에서 모든 자기 의존성을 배제함으로써, 믿음을 하나님께 반응하기 위한 인간 자신의 행위로 보도록 강요하는 신학을 지속적으로 고백하는 이상한 일을 결코 좌시하지 않았던 것처럼 보인다.

실상, 겉으로 드러난 분명함과 그의 마음의 실제 형편 밑에서는 이론적인 차원에서 엄청난 혼란이 있다. 그러나 명백한 것은 믿음의 본질에 대한 웨슬리의 관점이 그가 고백하는 알미니우스주의를 충분히 복음적으로 만들었고 신-인 협력

---

[9] 역주: 제4장의 "6. 호로티우스의 통치설과 백스터주의"를 참조하라.

적 체계에서 나타날 수 있는 율법주의적 성향을 덜 하게 만들었다는 점이다.[10]

우리는 웨슬리의 입장과 항변자들의 입장 간의 차이점을 복음주의적 알미니우스주의와 이성주의적 알미니우스주의로 각각 부르면서 드러낼 것이다. 이제 후자를 먼저 살펴보면서 그들의 역사를 힐끗 들여다보려 한다.

요약

1) 칼빈주의는 그리스도의 죽음이 하나님의 주권에 의한 무조건적·특정적 선택으로 말미암는 실제적인 구원을 준다고 말한다. 알미니우스주의는 그리스도의 죽음이 믿게 될 사람들을 하나님께서 미리 아신 결과로서 말미암는 구원의 가능성(인간이 협력할 경우 받게 되는 구원)을 준다고 말한다.

---

[10] 나사렛교단 신학자 올톤 윌리(H. Orton Wiley, 1877-1961)는 신-인 협력주의를 "하나님의 은혜와 인간의 의지의 협력," "알미니우스적 체계의 기본적 진리"라고 정의한다. 그러나 협력하는 능력은 은혜의 선물이지 본성의 타고난 재능이 아니라는 점을 덧붙인다. 그는 웨슬리의 관점을 그대로 반영한다(*Christian Theology* [Kansas City: Beacon Hill Press], II:355). 칼 뱅스(Carl Bangs)는 그의 감탄할 만한 책 *Arminius: A study in the Dutch Reformation* (Nashville: Abingdon Press, 1977), p. 342에서 잉글랜드 출신의 웨슬리주의 신학자 포프(W. B. Pope)는 신-인 협력주의라는 단어를 루터파가 사람이 타락에 의해 전적으로 부패되지 않은 본성적인 선함의 공덕에 의하여 하나님과 협력할 수 있다는 것을 함축하기 위해 사용했다는 이유로 거부했다고 언급한다(*Christian Theology* [New York; Phillips and Hunt, 1880], II:77 이하, 389 이하, III:24 이하, 74). 여기에서 포프는 웨슬리의 관점에 공감했고 이 관점을 오해로부터 방어하려 했다.

2) 항변파 알미니우스주의는 아담의 타락 후에도 사람에게 옳은 일을 행할 수 있는 능력이 여전히 남아 있어서, 하나님께서 도우실 때 협력할 수 있다고 본다. 웨슬리안 알미니우스주의는 아담의 타락 후에 사람은 옳은 일을 행할 능력을 상실했지만, 그리스도의 십자가 사건으로 말미암아 이제 이 능력이 모든 인류에게 회복됐으므로 사람 편에서 능동적으로 협력할 수 있다고 본다. 다른 몇 가지 비교는 아래와 같다.

	항변파 알미니우스주의	웨슬리안 알미니우스주의
죄의 관점	인간 본성을 높임. 죄를 축소함.	죄를 극대화시킨다
은혜의 성격	도덕적 노력을 이끌어 구원으로 인도하는 구조	그리스도 안에 있는 믿음을 통한 현재적 칭의를 줌
동기	인본주의적, 이성주의적, 사람의 자율성과 자기 결정 강조	종교적, 하나님의 사랑과 믿음의 능력 강조
믿음의 성격	새로운 순종에 대한 본질적인 헌신으로써 자발적이다. 믿음은 회개와 동질성을 가지고, 믿음은 구원을 결정하는 인간적인 일처럼 된다.	그리스도 안에 있는 확실한 신뢰. 성령의 증거와 상관성을 가진다. 율법이 유발하는 절망으로부터 솟아난다.
전체적 성격	율법주의적, 이성주의적	복음주의적

제3장

이성주의적 알미니우스주의

1. 이성주의적 알미니우스주의의 등장 배경

이성주의적 알미니우스주의Rationalistic Arminianism는 의도하지는 않았더라도 실제적으로는 아우구스티누스주의에 대한 세미-펠라기우스주의자들의 반응의 재현인데, 세미-펠라기우스주의는 존 카시안John Cassian, c. 360-435과 리이스의 파우스투스Faustus of Ries에 의해 5세기에 발전된 것이다.

이성주의적 알미니우스주의는 루터, 칼빈, 그리고 그들의 동시대 개혁주의자들에 의해 가르쳐지고[1] 제네바 아카데미의

---

1 루터에 대한 것은 에라스무스에게 보낸 그의 회신을 보라. *The Bondage of the Will*, tr. and introduced by J. I. Packer and O. R. Johnston (London: James Clark, 1957). 칼빈에 대한 것은 『기독교 강요』를 보라. III:xxi-xxiv. 그리고 피기우스(Pighius)에게 보낸 그의 회신을 보라. *The Eternal Predestination of God*, tr. J. K. S. Reid (London: James Clarke, 1961). 성공회 개혁주의자들에 대한 것은 다음을 보라. Philip Edgcumbe Hughes, *The Theology of the English Reformers* (London: Hodder & Stoughton, 1965), pp. 68-73. 그리고 잉글랜드 성공회 39개조(the Thirty-nine)의 XVII(17)조를 보라. 개혁주의자들이 주권적인 예정에

Geneva Academy 학장으로서 칼빈의 후계자인 베자에 의해 아마도 너무 말끔하게 체계화된 예정에 관한 고(高) 교리 the high doctrine of predestination에 반발하는 운동이었다.

알미니우스주의는 화란에서 모습을 드러냈지만 독립된 현상으로 나타난 것은 아니었다. 잉글랜드에서도 거의 동일한 때에 비슷한 반항적인 신학들이 나타났기 때문이다. 결국, 알미니우스주의는 르네상스의 이성주의로 말미암아 종교개혁 신학을 잠식한 유럽 전역의 움직임 중 일부에 지나지 않았다.

이야기는 이러하다. 1589년에 베자와 함께 일 년간 공부했던 야콥 할먼숀Jakob Harmenszoon이라고[2] 불리는 한 젊고 훌륭

대한 강한 주장을 촉진시킨 이유는 목회적이고 송영적인 것이었음을 주목하라. 그들은 죄에 본성적으로 무력한 우리에 대한 겸손한 현실주의(realism), 그리스도를 충만하게 신뢰하기 위해 자기 의존과 자기 확신을 내다 버리는 순수한 믿음, 하나님께서 우리를 든든히 붙드실 것이며 우리 삶 속에서 시작하신 선한 일을 마무리 하실 것이라는 강한 소망, 그리고 우리를 향한 하나님의 위대한 사랑에 대하여 하나님께 바치는 진정 어린 사랑을 유발하기 원했다. 이런 사실은 XVII조에 있는 예정에 대한 교리적 정의에 뒤 따르는 두 개의 목회적인 문단에서 분명하게 발견된다. "… 예정이나 그리스도 안에서의 우리의 선택을 향한 경건한 생각은 경건한 자들에게 참으로 달콤하고 즐겁고 말로 다할 수 없는 위로가 되며, 그들 안에서 그리스도의 영이 육신과 이 땅의 지체들을 죽이시는 사역과, 그들의 마음을 높은 하늘의 것을 향하여 끌어 올리시는 사역을 느끼게 해 준다. 왜냐하면 그 생각은 그리스도를 통해서 누리게 되는 영원한 구원에 대한 믿음을 가지게 해 주고 또 확신하게 해 줄 뿐만 아니라, 하나님을 향한 사랑의 불길을 뜨겁게 해 주기 때문이다. … 우리는 하나님께서 성경을 통해서 우리에게 일반적으로 보여 주신 방법을 따라서 하나님의 약속을 받아들여야 한다 …."

[2] 알미니우스(Arminius)는 할먼숀(Harmenszoon)의 라틴식 이름인데, 알미니우스라는 이름은 원래 1세기에 로마에 저항했던 게르만족 최고위자의 이름이었다.

한 암스테르담의 성직자는[3] 타락전예정설에 대하여 델프트Delft의 코른헤르트Dirck Volckertszoon K[C]oornhert, 1522-1590라고 하는 인문주의 평신도가 공격한 것에 응대할 것을 요청 받았을 뿐만 아니라 코른헤르트와의 논쟁을 통해서 두 명의 칼빈주의 성직자들이 나중에 타락후예정설infralapsarianism 또는 sublapsarianism이라고 불리는 입장으로 옮겨갔는데, 이들이 작성한 소논문에 대해서도 응대할 것도 요구받았다.[4]

(베자와 16세기 후반에 그와 함께했던 많은 사람이 설명한 타락전예정설[또는 전택설]은 하나님께서 창세 전부터 어떤 이들은 구원으로 선택하시고 다른 사람들은 간과하셨는데, 이들 모두는 타락한 자로서가 아니라 하나님께서 창조하시기로 계획한 이성적 피조물들로서 그러한 선택과 간과의 대상이 됐고, 그렇기 때문에 하나님의 사고God's thinking 안에서 보면, 타락을 허용하려는 하나님의 결정보다 오히려 그 선택과 간과가 논리적으로 앞선다는 관점이다. 도르트 총회와 그 이후의 대부분의 영어권 칼빈주의자들에 의해 표현된 타락후예정설[또는 후택설]은 선택의 대상을 타락하고 파멸될 인류로부터 택함 받은 긍휼의 그릇들로서 본다.)

베자의 제자 알미니우스가[5] 변절자들을 강하게 내려칠 것

---

3 역주: 알미니우스(Jacobus Arminius, 1560-1609)의 출생지는 화란의 아우데바터(Oudewater)이고, 1588년 암스테르담에서 교회 지도자들로부터 심사를 거친 후 목회자로서 안수받았다.

4 역주: 그 두 성직자의 이름은 아렌트 코어닐리숀(Arent Corneliszoon)과 레이니에르 돈테클록(Reynier Donteklok)이다. 이들이 작성한 소논문의 제목은 "로마서 9장에서 가르쳐진 예정에 대한 논문으로부터, 베자와 칼빈에 의해 제시된 어떤 논거들에 대한 답변"이다.

5 역주: 알미니우스는 1582년부터 이듬해까지 베자가 이끄는 제네바 아카데미에서 수학했다.

으로 예상됐다. 그러나 알미니우스는 회신을 쓰기 위해 준비하면서 자세히 공부하는 동안, 영원히 타락전예정설을 포기하게 됐다.[6] 예상됐던 답변은 절대 등장하지 않았다. 대신에, 이후 20년 동안 1609년 49세의 나이에 결핵으로 죽을 때까지 알미니우스는 사려 깊지만 분명하게, 선택 및 타락한 인간의 상태에 대한 "알미니우스주의적" 관점을 견지했다.[7]

---

[6] 알미니우스의 오랜 친구인 페트루스 베르티우스(Petrus Bertius, 1565-1629)는 알미니우스를 위한 장례 연설에서 말하기를, 알미니우스는 연구를 통해서 타락전예정설에서 타락후예정설로 옮겨갔고 그 후에 멜랑흐톤(Philipp Melanchthon, 1497-1560)과 같은 입장이었을 뿐만 아니라 한때 멜랑흐톤의 제자였고 코펜하겐에서 루터파의 신학 교수였던 니콜라스 헤밍기우스(Nicholas Hem[m]ingius)와도 같은 입장에 머물렀는데, 그 입장은 즉 어떻게 사람이 은혜를 통하여 믿음을 가지는지에 대한 신-인 협력적 관점에 기초한, 각 개인에 대한 조건적 예정이었다. 이것을 인용하는(*Arminius: A study in the Dutch Reformation*, pp. 138 이하) 뱅스(Bangs)는 알미니우스가 한 번이라도 베자의 타락전예정설 관점을 가지고 있었는지에 대해 의심을 품는다. 그러나 알미니우스를 잘 알았고 알미니우스가 타락전예정설을 가졌다는 것을 확실하게 말하는 베르티우스가 틀렸다면 이상할 것이다.

[7] 알미니우스의 관점들은 롬 7장과 9장에 대한 그의 이해에 기초했다. 이 두 장에 대하여 그는 공식적인 논문들을 작성했다. 그는 롬 7:24의 전반부에 나오는 "곤고한 사람"은 자신이 "육신에 속하여 죄 아래 팔린" 것을 느끼며, 비록 그가 하나님의 율법을 기뻐하고 율법을 지키는 일에 원치 않게 실패하는 것을 혐오하더라도, 중생자일 수 없다고 주장하고, 죄로부터 그리스도인들을 자유롭게 하는 은혜를 기대하지 않도록 가르쳐 그리스도인들이 낮은 도덕적인 표준을 격려하는 통상적인 관점을 공격하기에 이른다. 웨슬리는 헌신된 그리스도인이 자신의 순종이 부족함을 느낄 때 바울의 표현을 자연스럽게 사용한다는 점을 놓치고, 중생하지 않은 사람은 진심으로("속사람으로는," 22절) 하나님의 율법을 즐거워할 수 없다는 점에 대한 신학적인 함축에 무게를 두지도 않는다. 롬 9장에 대한 웨슬리의 관점은 6절에서 바울이 답변할 질문이 "만일 대부분 유대인이 거절된다면 하나님의 말씀이 실패하느냐?"(답: 아니오. 왜냐하면 하나님의 선택은 종종 일부 유대인들에 대하여 지나치기 때문이다)가 아니라, "만일 하나님께서 믿음이 아니

2. 항변자들과 도르트 신조

알미니우스를 추종하던 한 무리의 목회자들이 1610년에 항변서를 제출했다.[8] 그것은 관용과 보호를 요구하면서 5가지 신학적인 입장을 언급한 것이었다.

첫째 입장은 예정이 구원으로 인도하는 믿음의 원인이나 저주로 이끄는 불신의 원인이 아니라는 것이다.

둘째 입장은 그리스도는 모든 사람을 구속하기 위해 죽으셨지 단지 택자들만을 위해 죽은 것이 아니라는 것이다.

다섯째 입장은 신자들은 태만하여 믿기를 중단함으로써 은혜의 상태에서 타락할 수 있다는 것이다.

셋째와 **넷째** 입장은 내적인 은혜가 없이는 믿음도 선행도 존재할 수 없다고 단언함으로써 원래의 펠라기우스주의를 부인하는 것이었다.

그러나 많은 논쟁 이후 국제적인 성격의 도르트 총회 1618-19

라 행위에 의한 의(righteousness)를 찾는 유대인들을 거절하신다면 하나님의 말씀이 실패하느냐?"라는 가정 위에 있다(답: 아니오. 왜냐하면 하나님은 항상 그런 유대인들을 거절하시기 때문이다). 동시에, 전자의 질문에 바울이 답변하는 것이라면, 6절에 나타난 바울의 언어는 엄청나게 생략되고 오도하는 것이라는 점을 말할 필요가 있다. 뱅스의 책에 알미니우스의 논증에 대한 보다 더 자세한 요약이 있다. Bangs, *Arminius: A study in the Dutch Reformation*, pp. 186 이하.

8 역주: 알미니우스는 1609년에 사망했다. 따라서 이 사건은 알미니우스의 사후에 일어난 일이었다. 알미니우스의 지지자였던 위텐보하르트(John Uitenbogaerdt, 1557-1644)가 항변서 작성에 가담했고, 목회자 46명의 서명을 받아 유능한 정치인 올던바너벌트(Johan van Oldenbarnevelt, 1547-1619)를 통해 네덜란드 의회에 제출했다. 이 일로 인하여 그들은 항변자들(Remonstrants)로 불리게 된다.

는[9] 우리가 마땅히 그렇게 칭해야 하는 대로 이러한 세미-펠라기우스주의적 서술들에 반대하는 입장을 표명했다. 그리고 항변서에 반대되는 5개의 대항 명제들을 결정했다.

이들 "칼빈주의 5대 강령"five points of Calvinism은 T-U-L-I-P이라는 영어 약자로 기억할 수 있게 됐다.

첫째, 전적 타락Total depravity과 죄에 대한 사람의 무능력이다.

둘째, 구원으로 이끄는 죄인들에 대한 하나님의 선택이 갖는 무조건적Unconditional이고 결정적인 특성이다.

셋째, 십자가상에서 죄를 지신 그리스도의 구속이 미치는, 제한적Limited이지만 명확하며 효력 있는 범위이다.[10]

넷째, 은혜가 갖는 불가항력적Irresistible이고 유효한 특성인데, 그 은혜는 죄인들의 마음을 새롭게 함으로써, 진정으로 효력 있는 부르심을 통하여 믿음과 회개로 이끈다.

다섯째, 하나님의 보호하심을 통하여 모든 중생한 사람들을 최종적인 영광으로 이끄는 확실한 견인Perseverance이다.[11]

9　역주: 도르트 총회는 1618년 11월 13일부터 1619년 5월 9일까지 열렸다.

10　역주: 여기서 범위(scope)는 구속 받을 자의 범위를 가리킨다.

11　항변서에 대해서는 다음을 보라. H. Bettenson, *Documents of the Christian Church* (London: Oxford University Press, 1943), XI:iv; Philip Schaff, *The Creeds of Christendom* (New York: Harper and Bros., 1877), I:516 이하. 항변서의 다섯 번째 요지는 첫 4개의 요지와 마찬가지로 알미니우스의 사고를 재생했다. 다음을 보라. Bangs, *Arminius: A study in the Dutch Reformation*, pp. 216-19, 348 이하. 도르트 신조는 다음 자료에 있다. Schaff, *The Creeds of Christendom*, III:550 이하. 또한 화란어로부터 영어로 번역됐다. Gerrit J. Vander Lugt, *Liturgy and Psalms* (New York: Board of Education, Reformed Church of America, 1968). 그리고 라틴어로 가장 정확하게 번역된 것은 다음 자료이다. Anthony A. Hoekema, *Calvin Theological Journal*, November 1968. 후크마 박사의

도르트 총회 공표의 전체적인 취지는 이중적인 요점을 만들어 내는 것이다.

첫째, 하나님께서 선택에 대한 계획을 성취함으로써 우리를 구원하신다는 점이다. 다시 말해서 갈보리에서 우리를 유효하게 값으로 사심으로써 구원하신 분은 그리스도이시며, 성령께서 믿음을 심어 주심으로써 구원하신다는 것이다.

둘째, 우리는 우리 자신을 결코 구원할 수 없다는 점이다. 구원은 전적으로 주님의 것인데, 처음부터 끝까지 자유롭고 주권적인 자비의 선물이다.

해리슨A. W. Harrison, 1882-1946은 도르트 신조the canons of Dort를 "알미니우스주의자의 오류에 대한 폭로라기보다는 칼빈주의의 고전적인 진술들 중 하나"[12]라고 정당하게 평가한다. 도르트 신조의 중요성은 결정적인 확언에 있는데, 이것은 한 세기 이상 유럽 내에서 개혁 신앙의 제시 방식을 조정했다.

도르트 총회에서 타협에 대한 간청은 실패로 돌아갔고 알미니우스주의자들은 일시적으로 추방됐다. 그러나 그들은 1626년에 돌아올 수 있었고 암스테르담에 신학교를 열었다. 여기에서 시몬 에피스코피우스Simon Episcopius, 1583-1643, 스테파누스 쿠르셀레우스Stephanus Curcellaeus, 1586-1659, 그리스식 이름은 Étienne de Courcelles 그리고 필립 판 림보허Philip van Limborch, 1633-1712라는 세 명의 걸출한 사람들이 연이어 가르쳤다.

필립 샤프Philip Schaff, 1819-1893가 알미니우스주의에 대해 "유연

번역본은 칼빈신학교(Calvin Theological Seminary)에서 별도로 구할 수 있다. (역주: 항변서 한글 전문은 "부록 2"를 참조하라.)
12 A. W. Harrison, *Arminianism* (London: Duckworth, 1937), p. 93.

하고, 진보적이고, 변화하는 자유주의"[13]라고 묘사한 것은 신학교와 관련해서는 진실이었다. 암스테르담의 알미니우스주의 신학교는 비교리적 도덕주의와 경건주의로 표류해 갔는데 가끔 아리우스주의자,[Arian] 소키누스주의자,[Socianian] 이신론자,[deist] 그리고 내재론주의자들[immanentist]의 사고방식도 감지됐다.[14]

3. 잉글랜드에서 발현된 알미니우스주의

잉글랜드에서는 1570년대부터 한 세대 동안 베자가 가르친 칼빈주의가 일반적으로 인정된 정통 교리의 일부였다.

피터 바로[Peter Baro, 1534-1599]는 프랑스 출신 난민이었는데 캠브리지대학교에서 마가렛 부인 신학 교수[Lady Margaret Professor of

---

[13] Schaff, *The Creeds of Christendom*, I:509. 항변파 형제단(the Remonstrant Brotherhood) 혹은 항변파 개혁교회(the Remonstrant-Reformed Church)는 여전히 존재한다. 람베르투스 야코부스 판 홀크(Lambertus Jacobus van Holk, 1893-1982)는 이 교회의 신학자들 중 한 명인데, 그는 1960년에 항변파 형제단을 "화란 안에 유일하게 존재하는 기본적으로 비고백적 교단"이라고 묘사했다(역주: 여기에서 "비고백적"이라는 말은 정형화된 교리보다 종교적 경험을 앞세운다는 의미를 가진다). *Man's Faith and Freedom*, ed. Gerald O. McCulloh [Nashville: Abingdon Press, 1963], p. 42.

[14] 역주: 아리우스주의는 예수의 신성(성부와의 동일 본질)을 부인한다. 소키누스주의는 원죄와 예수의 신성을 부인하고, 예수를 도덕적 교사로 격하시킨다. 이신론은 신 존재를 인간의 이성이 인식할 수 있는 자연적인 것에서 추구하고, 신을 창조자로 인정하지만 세상 일에 관여하는 인격적인 계시자로 이해하지는 않는다. 내재론주의는 인간에게 있어서 하나님의 내재하심이나 행위를 사실상 하나님의 초월성의 실재를 배제하는 방식으로 이해한다.

Divinity가[15] 됐다. 그는 1579년에 요나서의 니느웨에 대한 멜랑흐톤의 입장을 반박함으로써 소요를 일으켰다. 멜랑흐톤의 가르침은 본질적으로 알미니우스가 10년 후에 유지하고자 했던 "하나님은 믿음과 순종을 조건으로 모든 사람을 영생으로 예정하셨다"[16]는 사상이었다.

바로의 제자였던 윌리엄 바렛William Barrett은 1595년에 바로와 동일한 교리를 설교하여 열광적인 반응을 얻었고, 그러한 반응은 9개의 람베스 조항the nine Lambeth Articles 작성으로 이어졌다. 잉글랜드에서 도르트 신조와 가장 근접한 관련성을 가지는 람베스 조항은 반(半)공식적 선언이었는데, 후에 예정과 은혜에 대한 성공회와 기독교의 정통 가르침으로서 수용됐다.[17]

1604년에 열린 햄튼 코트 집회Hampton Court Conference에서[18] 옥스퍼드의 존 레이놀즈John Rainolds는 람베스 조항들이 잉글랜드 성공회 39개조에 첨가될 것을 건의했으나, 뱅크로프트 주교Bishop Bancroft와 오버롤 주임사제Dean Overall는 격렬하게 그

---

15 역주: 캠브리지대학교에서 가장 오래된 교수직이다. 이것은 1502년 헨리 7세의 어머니 마가렛 버포트(Margaret Beaufort, 1443-1509)에 의해 처음에는 부교수직(Readership)으로 설립됐다.

16 Schaff, *The Creeds of Christendom*, I:659.

17 람베스 조항에 대하여는 다음을 보라. C. Hardwick, *History of the Articles* (London, 1859), 제7장과 부록 V; Schaff, *The Creeds of Christendom*, I:658 이하, III:523. (역주: 람베스 조항은 윌리엄 휘태커[William Whitaker, 1548-1595]가 작성하였고, 1595년 캔터베리의 대주교 존 휫기프트[John Whitgift, c. 1530-1604] 등에 의해 승인된 9개의 연속적인 교리적 언급으로서 예정과 칭의에 대한 칼빈주의적 관점을 다룬다. 한글 전문은 이 책의 "부록 3"을 참고하라.)

18 역주: 이것은 1604년 1월에 햄튼 코트 왕궁에서 열린 집회로서, 잉글랜드 왕 제임스 1세, 성공회 대표단, 그리고 청교도 지도자들이 참여했다.

의견에 반대했다. 그리고 제임스 왕King James은 중요한 사안은 청교도들의 뜻대로 하지 않기로 결심한 사람이었으므로 역시 반대했다.

그러나 17세기에는 바로와 바렛이 그려 놓은 제안에 들어맞는 칼빈주의, 즉 타락전예정설과 타락후예정설 둘 다에 대하여 잉글랜드 내에서 광범위한 거부가 있었다.

비록 엘리자베스 여왕의 말년에는 국제적인 명성을 가진 단 두 명의 영국 신학자, 캠브리지의 윌리엄 휘태커William Whitaker, 1548-1595와 윌리엄 퍼킨스William Perkins, 1558-1602의 베자식 칼빈주의가 선두에 선 것처럼 보였다.

그러나 랜슬롯 앤드류스Lancelot Andrewes, 1555-1626와 존 오버롤John Overall, 1559-1619, 그리고 이들보다 앞선 리처드 후커Richard Hooker, 1554-1600와 같은 사람들은 이미 조용하게 입장을 달리했고, 베자식 칼빈주의를 편협하고 비보편적 발전으로 생각하면서 자신들의 관점을 꾸준히 진전시켰다.

제임스 1세James I는 구원론에 있어서 칼빈주의자였지만 캔터베리의 굳건한 칼빈주의 대주교 조지 아봇George Abbot, 1562-1633과 함께, 왕권신수설을[19] 수용하는 "고교회 사람들"High Churchmen을[20] 선호했는데, 이들은 알미니우스주의에 동조하는

---

19 역주: 제임스 1세가 주장하는 왕권신수설의 개념은 다음과 같다. "군주제는 신이 명령하는 것이며 왕은 신에게만 책임이 있다. 따라서 왕이 사악(邪惡)할지라도 국민이 이것을 비판할 권리는 갖지 못한다. 즉 왕의 법에 따라서 심판을 받게 되어 있는 국민은 왕의 심판관이 될 수 없다"("왕권신수설," http://ko.wikipedia.org).

20 역주: 고교회 사람들은 잉글랜드 성공회 내에서 로마 가톨릭과의 연속성, 주교의 권위, 성례, 의식, 예전의 중요성을 강조하는 부류(고교회파, high church)에 속한 사람들을 말한다.

경향이 있었다.

찰스 1세 Charles I 치하에서 캔터베리의 대주교가 됐던 윌리엄 로드 William Laud, 1573-1645는 그런 사람 중 한 명이었다. 청교도들을 매우 싫어했던 찰스는 로드와 함께 많은 알미니우스주의자들을 승격시켰고,[21] 그 때문에 성공회 신학은 베자식 스콜라주의의 세계로부터 멀어졌다. 그리고 당시에 꽃피웠던 헬라 교부들에 대한 관심이 그런 경향을 확증했다.

흥미롭게도 화란의 알미니우스주의자들과 개인적인 관계를 맺고 있었던 17세기 중반의 캠브리지의 플라톤주의자들은[22] 도덕주의와 자연신학[23]의 매혹적인 결합을 퍼뜨리기 시작했고,[24] 이것은 나중에 광교회주의 Latitudinarianism의[25] 근원

---

[21] 그러므로 자주 인용되는 기지 넘치는 문구는 다음과 같다. "알미니우스주의자들은 무엇을 붙들고 있는가?" "잉글랜드 전역에서 최고의 주교 관할권과 지역 주임 사제 관할 교구들이다."

[22] 역주: 플라톤주의의 중심이론은 이데아론인데, 이데아의 원형은 선(善)의 이데아이며 이 선의 이데아를 이성으로 알 수 있다고 보았다.

[23] 역주: 자연신학이란 특별 계시인 성경과 무관하게, 자연 또는 이성으로 말미암은 일반 계시에 기초하여 신학을 한다.

[24] 다음을 보라. Rosalie L. Colic, *Light and Enlightenment: A Study of the Cambridge Platonists and the Dutch Arminians* (New York: Cambridge University Press, 1957). "알미니우스주의는 처음에는 일반 상식, 종교에 대한 인문주의적 접근, 형이상학, 물리학, 그리고 인간 사회의 산물이었는데, 화란에서와 마찬가지로 잉글랜드에서도 선한 의지와 관련하여 사람들에게 매혹적이었다. 알미니우스주의는 메드(Mede), 휘치코트(Whichcote), 모어(More), 커드워스(Cudworth) 그리고 그들의 동료들에게 권위를 가져다 주었다. 알미니우스주의는 그들의 철학적 이상주의로부터 순차적으로 많은 것들을 취했다. … 알미니우스주의와 플라톤주의의 전통은 불가분적으로 혼합됐다"(p. 144).

[25] 역주: 잉글랜드 성공회 내부에서 인간의 이성과 실천적인 도덕성에 강조점을 두고 교리, 예전의 실행, 교회 조직과 같은 문제는 이성을 억누르는 것으로 판단하여 이런 것들에 대하여 상대적으로 중요성을 부과

이 됐다.

절대적인 개별 예정은 청교도의 특징적인 주장으로 생각됐다. 1660년 이후 왕정복고$^{\text{the Restoration}}$로[26] 말미암아 상황이 청교도주의^{Puritanism}가 유지하고 있던 모든 것에 불리하게 됐을 때, 칼빈주의는 비국교도주의자들^{nonconformists}에 의해 유지된 이상한 이론처럼 취급됐다. 성공회 신학자들은 소수의 예외를 제외하고는 유형상 알미니우스주의자였고, 진실로 지금까지도 그러하다.

요약

1) 항변자들의 5개 조항을 "부록 2"에서 살펴보라. 화란의 도르트 신조는 항변자들의 항변서에 대항하는 가운데 만들어진 5가지 대항 명제들로서, 이를 간추리면 전적 타락, 무조건적 선택, 제한 속죄, 불가항력적 은혜, 성도의 견인이다.
2) 잉글랜드에서는 반(反)알미니우스주의적 운동의 결과로 람베스 조항이 작성됐다("부록 3" 참조). 그러나 17세기에는 알미니우스주의자들이 점차 힘을 얻었고, 성공회 신학자들은 상당수가 유형상 알미니우스주의에 속했다.

하지 않게 된 것을 말한다.
26 역주: '왕정복고'는 1642년에 청교도 혁명이 시작되면서 올리버 크롬웰(Oliver Cromwell, 1599-1658)이 1649년 찰스 1세를 처형하고 왕정을 폐지했으나, 이후 1660년에 찰스 2세가 의회의 지지를 얻어 왕권을 다시 받게 되어 왕정을 펼치게 된 일이다.

더 읽을 자료

- 항변파의 예정론과 도르트 신조의 예정론에 대한 개관은 다음의 논문을 참고하라. 김병훈, "도르트 신경의 예정론에 대한 한 이해," 「장로교회와 신학」 4 (2007), pp. 205-280. 같은 내용을 다음 자료에서 볼 수도 있다. 김병훈, "도르트 신경의 예정론에 관련한 이해," 「개혁신학과 교회」 22 (2009), pp. 217-283.

- 도르트 총회와 관련하여 다음 논문들을 참고하라. 정성구, "돌트총회와 칼빈주의 운동," 「신학지남」 55:1 (1988), pp. 53-64. 최홍석, "도르트 신조에 나타난 TULIP교리의 정당성과 선교적 함축," 「신학지남」 69:3 (2002), pp. 144-181.

- 다음 논문에는 알미니우스의 생애와 신학 사상에 대하여 가치 있는 내용이 수록되어 있다. 최동규, "알미니우스에 대한 이단성 연구"(신학석사학위논문, 국제신학대학원대학교, 2007), pp. 40-41.

- 알미니우스 자신의 예정론에 대한 것으로 다음의 논문을 참고하라. 라은성, "아르미니우스의 예정론: 『정서의 선언』을 중심으로", 「신학지남」 83:2 (2016), pp. 227-264.

- 타락전선택설과 타락후선택설에 대한 자세한 역사신학적 배경은 다음 자료를 참고하라. 헤르만 바빙크, 『개혁교의학 2권』, 박태현 역 (서울: 부흥과개혁사, 2011), pp. 449-458(33장 28항 전체).

제4장

칭의와 하나님

1. 개혁주의의 칭의 개념

이성주의적 알미니우스주의는 하나님의 주권에 대한 베자식의 서술을 창의적으로 개선시킨 것이 아니라 오히려 그것에 대한 반발이었음이 분명한데, 반발 작용이 보통 그러하듯이 편협하고 유익하지 않았다. 그리고 알미니우스주의의 관심은 칼빈주의자들이 주장하는 것을 부인하기보다는 칼빈주의자들이 부인하는 것들을 주장하는 것에 있었다.

그러나 우리는 아직 주류 개혁주의 신학으로부터 알미니우스주의자를 분리시키는 요인을 충분하게 제시하지 않았다. 주목할 만한 차이점을 불러내는 2가지 영역이 더 있다. 첫째는 칭의의 교리이다(역주: 둘째는 하나님의 속성 교리이다. 본서 64쪽).

칭의에 대한 개혁주의자들의 교리는 다음과 같은 7가지 요점으로 요약될 수 있다.[1]

---

1 참조. Calvin, *Institutes*, III. 특별히 xi; Hughes, *The Theology of the English Reformers*, 제2장, pp. 54-75.

① 모든 사람은 하나님의 심판대 앞에 선다. 그리고 하나님 앞에서 자신의 상태를 내보여야 한다. 하나님의 심판에서 사람이 감출 수 있는 것은 아무것도 없다.
② 모든 사람은 본성상 그리고 실천적으로 죄인이며 하나님의 율법에 순종하지 않는다. 그러므로 사람이 기대할 수 있는 것이라고는 하나님의 진노와 거절뿐이다.

지금까지는 나쁜 소식인데, 이제 좋은 소식이 나온다.

③ 칭의는 죄책을 가진 인간을 용서하시는 하나님의 법적 행위judicial act로서 죄인을 의로운 자로 받고 아들이자 상속자로 수용하는 것이다.
④ 칭의의 유일한 원천source은 하나님의 은혜이지 인간의 노력이나 결단력이 아니다.
⑤ 칭의의 유일한 토대ground는 그리스도께서 대신 얻은 의righteousness와 피 흘리심이지 우리 자신의 공로가 아니다. 잉여 공로supererogation나 면죄부indulgences 구매 혹은 미사를 많이 드린 것이 칭의의 토대에 어떤 기여를 하는 것도 아니다. 중세인들의 공상처럼 연옥에서 고통 받는 것이 칭의의 토대에 실제로 관련이 있는 것도 어떤 중요성이 있는 것도 아니다. 칭의는 노력에 대한 상prize이 아니라 그리스도를 통해서 주어지는 선물gift이다.
⑥ 지금 여기서 칭의의 수단은 그리스도를 믿는 믿음이다.

이 믿음은 그리스도의 희생적 죽음이 모든 사람[2]의 죄를 속죄했다atoned는 사실에 대한 신뢰로 이해되는데, 이 신뢰로 말미암아 위로와 힘을 얻는다.

⑦ 믿음의 열매는 믿음이 실재한다는 증거이며 그러므로 그리스도인 됨의 증거라고 볼 수 있는데, 그것은 바로 명백하게 드러난 회개와 선한 삶이다.

2. 트렌트 공의회의 칭의 개념

트렌트 공의회 The Council of Trent는[3] 칭의를 용서와 용납을 포함한 내적인 갱생 inner renewal으로 정의할 뿐만 아니라 칭의의 "유일한 형상인" sole formal cause, *unica formalis causa*은 칭의의 도구인 instrumental cause인 세례를 통해 분여되는 하나님의 의 *iustitia*라고 확정하며 종교개혁가들의 교리에 맞섰다.[4] 학문적인 언어인 "형상인" formal cause은 사물에 질質, quality을 부여하는 것을 의미하는데, 예를 들어 열은 뜨거운 물건이나 뜨거운 성질을

---

[2] 역주: 여기서 "모든 사람"은 하나님께서 창세 전에 선택하신 자이다.

[3] 역주: 트렌트 공의회는 1545-1563년에 현 이탈리아의 트렌트에서 열린 로마 가톨릭의 공의회로서, 개신교의 진전에 자극을 받은 로마 가톨릭은 이 공의회를 통해 자신들의 교의적, 행정적, 도덕적 기준을 확립하고자 했다.

[4] 트렌트 공의회 칙령, VI:vii. 참조, V:v; 이것들은 다음 자료에 번역되어 있다. C. F. Allison, *The Rise of Moralism: The Proclamation of the Gospel from Hooker to Baxter* (London, S.P.C.K., 1966), pp. 213 이하. 알리슨(Allison)의 책은 17세기 잉글랜드 안에서 믿음에 의한 칭의와 관련된 개혁주의자들의 관점에서 이탈한 견해들과 관련하여 사고를 촉진하는 많은 자료들을 조합해 놓았다.

제4장 칭의와 하나님 49

가진 물건의 형상인이다.

그러므로 트렌트 공의회에서 주장한 바에 따르면 용서받은 우리 존재의 토대는 우리 안에 주입된 실제적인 신적 의 infused actual divine righteousness의 질이다. 즉 하나님께서 우리를 의롭다고 하시는 이유는 우리의 죄를 처벌할 법적 책임이 없으시기 때문이 아니라 우리 자체가 참으로 의롭게 됐기 때문이라는 것이다. 개신교와 관련된 보다 더 성경적인 용어로 말하자면, 주입된 하나님의 의는 중생을 만들어 내거나, 칭의의 기초인 성화의 출발점이 된다.

3. 개혁주의자들의 반박

이에 대한 답변으로서, 대륙과 영국의 다수의 개혁주의 신학자들은[5] 칼빈이 이미 명쾌하게 밝혀 놓은 입장을 상세하게

---

[5] 저술로써 개혁주의 교리를 지지한 잉글랜드인들은 다음과 같다. 리처드 후커(Richard Hooker, 1554-1600), 조지 다우네임(George Downame, 1560-1634) 주교, 랜슬롯 앤드류스(Lancelot Andrewes, 1555-1626), 존 데이브난트(John Davenant, 1572-1641), 제임스 어셔(James Ussher, 1581-1656), 조셉 홀(Joseph Hall, 1574-1656), 토마스 발로우(Thomas Barlow, 1607-1691), 존 브람홀(John Bramhall, 1594-1663), 로버트 샌더슨(Robert Sanderson, 1587-1663), 윌리엄 니콜슨(William Nicholson, 1591-1672), 윌리엄 베브리지(William Beveridge, 1637-1708), 존 던(John Donne, 1572-1631), 토마스 게이테이커(Thomas Gataker, 1574-1654), 안소니 버지스(Anthony Burgess, 1600-63), 존 오웬(John Owen, 1616-83), 아이작 바로우(Issac Barrow, 1630-77), 로버트 트레일(Robert Trail, 1642-1716).

작성했다.[6] 즉 칭의의 "유일한 형상인"은 부여된 하나님의 의가 아니라 전가된 그리스도의 의라는 것이다.

그리고 개혁주의 신학자들은 자신들이 뜻하는 바를 더욱 분명하게 하려고, 하나님의 율법에 대한 그리스도의 능동적 순종, active obedience 즉 그리스도의 율법 준수와, 하나님의 율법에 대한 그리스도의 수동적 순종, passive obedience 즉 그리스도께서 율법이 요구하는 형벌을 받으심 사이를 구별하는 습관을 발전시켰고, 우리가 의롭다고 받아들여짐은 그리스도의 능동적 순종과 수동적 순종 둘 다가 우리에게 전가됨에 의존한다고 주장했다.[7]

동일한 비판이 로마 가톨릭 교인들과 비밀 결탁한 사람들로 자주 혐의를 받았던 알미니우스주의자들에게 겨냥됐다. 왜냐하면 그들은 우리의 믿음이 그 자체로 실제적이며 개별

---

[6] "우리가 하나님 앞에서 칭의를 얻은 것은 그리스도의 의(righteousness)의 중재(intervention)에 전적으로 의존한다. 즉 사람은 그 자체로 의롭지 않고 절대적으로 형벌을 받기에 적합하지만, 전가(imputation)에 의해서 그리스도의 의는 사람에게 전달된다. 그러므로 믿음이 하나님의 성령의 영향하에 사람을 둠으로써 성령이 그를 의롭게 만들므로 사람이 믿음으로 의롭게 된다고 하는 터무니없는 교의는 사라진다. … 보시다시피, 우리의 의는 우리 속에 있는 것이 아니라 그리스도 안에 있는 것이다. 우리가 그 의를 소유하는 것은 단지 우리가 그리스도 안에 참여한 자들이기 때문이다"(『기독교 강요』, III:xi.23). 또한 트렌트 공의회 제7회기에 대한 칼빈의 의견을 보라. *Tracts and Treatises* (Edinburgh: Calvin Translation Society, 1844-51), III:108 이하, 특별히 pp. 114-21을 보라.

[7] 헤르본(Herborn)의 요하네스 피스카토르(Johannes Piscator, 1546-1625)는 단지 그리스도의 수동적인 순종만이 신자들에게 전가된다고 주장했다. 개혁주의 신학자들은 일반적으로 그의 관점을 거부했다. 이 점이 논의된 것은 16세기 말의 상황이었다.

적인 의actual, personal righteousness이고, 하나님의 새로운 법이라고 간주되는 복음에 대한 순종이며, 그러한 것은 우리의 칭의를 위한 조건일 뿐만 아니라 토대라고 보았기 때문이다. 이 관점에서 보면 믿음은 "의로 간주"counted for righteousness되는데, 왜냐하면 믿음을 의로운 행위로 보기 때문이다.

개혁주의자들은 로마 가톨릭 교인들과 알미니우스주의자들 모두를 반박했는데, 로마 가톨릭 교인들과 알미니우스주의자들이 신자 안에서 칭의의 토대를 발견함으로써 한편으로는 인간의 자만심을 만족시키고 다른 한편으로는 마땅히 예수께 돌려져야 할 영광을 탈취했다고 보았다.

개혁주의자들은 그리스도가 없이는 우리의 칭의가 불가능하다고 말하는 것(로마 가톨릭과 알미니우스주의자들도 이렇게 말한다)으로는 충분하지 않다고 주장했다. 즉 우리의 대표자이자 대리적으로 우리의 죄를 지신 그리스도의 순종이 칭의의 토대이고 오직 그 의만이 우리에게 의로 간주되며 죄를 상쇄한다cancelled고 말해야 한다는 것이다.

웨스트민스터 신앙고백Westminster Confession 안에 있는 칭의 조항에 대한 해설은 날카로운 비평적 공격뿐만 아니라 사고의 정확성과 균형이 반영되어 있는데, 이것은 이러한 교환들exchanges에[8] 초점을 맞춘 것이다.

> 하나님은 유효하게 부르신 사람들을 또한 값없이 의롭다고 칭하시니, 그들 안에 의를 주입함으로써가 아니라 그들의 죄를

---

[8] 역주: 여기서 말하는 "교환"이란 택자의 죄가 그리스도에게 전가되고, 그리스도의 의가 택자에게 전가되는 것을 말한다.

용서하심으로써 그리고 그들의 인격을 의롭다고 간주하고 받으심으로써 그렇게 하신다. 이는 그들 안에 초래됐거나 그들이 행한 어떤 것 때문이 아니라, 오직 그리스도 때문이다. 또한 믿음 자체, 믿는 행위 또는 어떤 다른 복음적인 순종을 그들에게 그들의 의로 전가함으로써가 아니라, 그리스도의 순종과 속상贖償, satisfaction을 그들에게 전가함으로써 의롭다고 칭하시는바, 그들은 믿음에 의하여 그리스도와 그분의 의를 받아들이고 의존하는 것이다. 그들이 가진 그 믿음은 그들 자신의 것이 아니니 그것은 하나님의 선물이다(11장 1항).

4. 하나님의 전적인 주권적 구원을 부인하는 알미니우스주의의 5가지 불가피한 추론

왜 알미니우스주의자들은 칭의의 토대와 관련하여 그런 노선[9]을 취하게 됐을까?

하나님께서 자신의 영원하고 무조건적인 작정을 실행하기 위해 유효적 부르심 effectual calling과 주권적인 견인 sovereign preservation을 통하여 개인을 구원하심은 전적으로 하나님의 사역인데, 알미니안주의자들은 이러한 사실을 근본적으로 거부함에 따른 불가피한 추론에 의해서 그러한 노선을 취하게 된 것이다.

---

9 역주: 우리의 믿음이 칭의의 수단일 뿐 아니라 그 자체로서 의이기 때문에 칭의의 토대가 된다는 입장이다.

동일한 논리가 로마 가톨릭의 사고 안에서도 특징적으로 작용한다. 알미니우스주의가 거부하는 특정 요소들이 알미니우스주의의 칭의 교리를 세웠는데, 그 요소들은 근본적인 거부에서 추론되는 것들이다. 이러한 사실은 다음의 5가지 요소를 보면 명확해진다.

첫째, 알미니우스주의는 사람의 믿음의 행위가 전적으로 하나님의 선물이라는 점을 부정한다.

둘째, 알미니우스주의는 하나님의 계획 안에서 그리스도께서 죽기까지 순종하심을 통하여 획득한 구속과 성령의 주도에 의한 구속의 구원적 적용 사이에 직접적인 상관 관계가 있다는 점을 부정한다. 이 상관 관계는 이른바 구속의 획득이 구속의 적용을 보장하고 보증하는 것을 말한다.

알미니우스주의적 관점은 속죄 atonement 는 모든 사람에 대하여 구원을 가능하게 만들었지만, 어떤 사람에 대하여 필연적으로 실제적이지 않다는 것이다. 이것은 그리스도의 대속적 substitutionary 죽음에 대한 정확한 개념을 포기하는 것을 의미한다. 왜냐하면 대속 substitution 은 그 본성상 유효한 관계성이며, 대속자 the substitute 가 의무를 가진 자를 대신하여 행하여 줌으로써 의무를 가진 자가 그 의무를 실제적으로 면제 받음을 보장하는 것이기 때문이다.

하나님은 값의 지불을 두 번 요구하지 않으시리.
먼저, 나의 보증인 Surety 의 [10] 피 흘리는 손으로부터,

---

10 역주: "보증인"은 은혜언약의 보증인이신 예수 그리스도를 가리킨다.

그리고 나서 다시 나의 것으로부터.[11]

그리스도의 죽음을 죄인들이 자신들의 죄를 깨닫고 회개하지 않을 때 받게 될 형벌의 본보기로 보는 속죄 이론은 흐로티우스 Hugo Grotius, 1583-1645의 유명한 혹은 악명 높은 이론인데, 알미니우스주의적 개념을 설명할 수 있는 몇 가지 방법 중 하나이다.

셋째, 알미니우스주의는 은혜언약이 하나님께서 일방적으로 그리고 무조건 시행하시는 관계성이라는 점을 부정한다. 은혜언약은 유효적 부르심에 의해 시행되는 것인데 택자들에게 다음과 같이 말하는 것이다.

내가 … 할 것이니, 너희는 … 하게 될 것이다.[12]

알미니우스주의적 개념은 은혜언약을 어떤 새로운 율법으로 본다. 다시 말해서 현재의 믿음을 조건으로 현재적 용서를 제공하고, 유지된 믿음 sustained faith을 조건으로 최종적인 구원을 제공하는 것이다.

넷째, 알미니우스주의는 믿음이 본질적으로 깊은 신뢰 fiducial라는 것, 즉 하나님께서 행한 것에 대한 확정적이고 생기를 주는 신뢰할 만한 지식의 문제라는 점을 부정한다. 알미니우스

---

[11] 역주: 잉글랜드 성공회의 사제이며 찬송가 작가인 아우구스투스 토플레이디(Augustus Toplady, 1740-1778)의 찬송시, "From Whence This Fear And Unbelief"의 가사이다.

[12] 역주: "I will … and you shall …." 이것은 우리의 모든 것이 하나님의 절대적 은혜로 말미암음을 표현한다.

주의는 믿음이 본질적으로 결단volitional이라는 것, 즉 무엇을 수행하는 일에 자신을 헌신하는 문제, 다시 말해서 그리스도께서 획득하신 새로운 율법을 따라 사는 문제라고 대안을 제시한다.

17-20세기에 경건주의자들은 이와 같은 알미니우스주의적 개념을 매우 자주 취하여 복음주의적 공리axiom로 드러내고자 했다. 그러나 이런 알미니우스주의적 개념은 본래의 개혁주의적 가르침으로부터 이탈됨을 나타내고,[13] 이것은 반反지성주의와 공로적인 행위로서의 믿음이라는 개념을 신속하게 불러올 수 있다.

다섯째, 알미니우스주의는 칭의의 토대가 그리스도의 의의 전가라는 점을 부정한다. 우리가 보았던 대로 알미니우스주의는 믿음 그 자체가 칭의의 토대이고 새 율법에 대한 순종으로서 의 자체이며, 하나님께서 그렇게 받아들이신다고 이해한다.

알미니우스주의적 체계는 그리스도의 의가 우리를 의롭게 하기 위해서 전가되는 것이 아니라, 의가 되는 믿음이 우리에게 전가될 수 있도록 만드는 기초로서 그리스도의 의가 우리에게 전가된다고 본다.[14]

---

[13] 이와 관련된 가장 충분하고 정확한 서술은 다음 자료를 참고하라. R. T. Kendall, *The Concept of Faith from William Perkins to the Westminster Assembly* (Oxford University Press, 1979).

[14] "은혜로 말미암아 믿음이 믿는 사람에게 의를 위하여 전가되는 것이다. 왜냐하면 하나님께서 자신의 아들 예수 그리스도를 보내셔서, 그리스도의 피를 믿는 믿음을 통하여 그리스도가 속죄(propitiation), 즉 은혜의 보좌가 되게 하셨기 때문이다"(*The Writings of Arminius*, I:264).

바울은 로마서 4:3, 5, 9참조. 롬 4:11, 13; 이 모두는 창 15:6을 반영함에서 의로 간주하는 믿음이라는 어법에 호소했다. 그러나 바울의 주장은 그리스도인의 의는 하나님의 선물이며,롬 5:15-17 그가 단호하게 선포한 것은 비록 죄인들이 불경건하더라도 롬 4:5; 5:6-8 자신의 노력과 관계없이 그리스도의 피를 통한 믿음에 의해 의롭게 된다는 점이었다. 이것은 믿음 자체가 의라는 해석을 진실로 불가능하게 만든다.

5. 알미니우스주의의 칭의 개념이 미친 영향력

칭의에 대한 알미니우스주의적 가르침은 의도하지는 않았다 할지라도 실제적으로는 율법주의적이고, 하나님으로부터 받는 도구로서의 믿음을 하나님 앞에서 칭찬받을 수 있는 행위로 바꾸어 버린다. 마찬가지로 이것은 원리적으로는 트렌트 공의회의 교리에 상응하는데, 비평가들이 이렇게 평가한 것은 정당하다.

그러나 우리가 짚어 두어야 할 것은 그런 가르침이 제시했던 사고방식이 광범위한 영향력을 가졌고 잉글랜드에만 제한되지 않았다는 점이다.

헨리 하몬드,Henry Hammond, 1605-60 허버트 손다이크Herbert Thorndike, 1598-1672 그리고 제레미 테일러Jeremy Taylor, 1613-67와 같은 반反청교도적, 반反칼빈주의 성공회주의자들은 비록 부족한 면이 있더라도 하나님께서 예수 그리스도 때문에 받으시는 각 개인의 의에 기초한 칭의를 가르쳤다. 그들은 이 의의 성격을 회개와 거룩함에 대한 노력의 관점에서 설명한다. 그리고 그들의 개념은 불행하게도 영향력이 컸던 조지 불George Bull, 1634-1710 주교에 의해 왕정복고 이후 공표됐는데, 조지 불은 야고보를 통해서 바울을 해석하여 야고보와 바울 둘 다가 행위에 의한 칭의를 가르친 것으로 이해했다.

이 속임수는 믿음을 "실제적으로 복음적인 순종에 대한 모든 것," "복음에 의해 요구되는 모든 순종"이라고 도덕적으로 정의해 버렸다.[15] 이런 류의 가르침은 불가분적으로 새로운 율법주의new legalism로 인도했다. 이런 율법주의의 핵심 사상은 지금 꾸준하게 도덕적인 노력을 발휘하는 것이 나중에 구원을 위한 길이라는 것이다. 결국 웨슬리의 때가 오기까지 믿음에 의한 칭의의 참된 관점은 잉글랜드 국교회the Church of England 안에서는[16] 거의 모든 곳에서 잊혀지고 말았다.

청교도주의 안에서도 칭의에 대한 알미니우스주의적 교리가 침투했다. 역량이 있는 유일한 알미니우스주의 청교도는 존 굿윈John Goodwin, 1594-1665 이었는데, 그는 로마서 4장과 관련한 『믿음의 칭의』, Imputatio Fidei 『나타난 칭의의 깃발』, The Banner of Justification Displayed 『로마서 9장 강해』An Exposition of Romans 9 그리고 『구속된 구속』Redemption Redeemed의 저자이다. 굿윈은 자주 논쟁하게 되는 사람이었는데 비록 많은 사람들이 그의 의견에 주목했지만 그의 의견에 동화된 사람은 별로 없는 것 같다.

---

[15] Bull, *Harmonia Apostolica* (Library of Anglo-Catholic Theology), I:58, 57. 다음을 보라. Allison, chap. 6. "The Theology of George Bull," *The Rise of Moralism*, pp. 118-37.
[16] 역주: "잉글랜드 국교회"는 "영국 성공회"이다.

6. 흐로티우스의 통치설 Govermental Theory과 백스터주의

그러나 아마도 모든 청교도 경건서적 집필자들 중 가장 훌륭한 사람인 리처드 백스터 Richard Baxter, 1615-91는 복음에 대한 아미랄두스주의적 Amyraldean 이해의 부분으로서(아미랄두스주의 Amyraldism에 대해서는 곧 살펴볼 것이다) 칭의에 대한 알미니우스주의적 교리를 주장했다. 왜냐하면 그것이 칭의에 대한 올바른 관점이라고 믿었기 때문이다.

그리고 백스터가 한 세대 동안 이런 관심을 가지고 활동을 벌여 온 결과, 백스터의 입장은 잉글랜드와 스코틀랜드 양쪽 모두에서 청교도들의 후예들 가운데 17세기 후반까지 영향력을 발휘하게 됐다. 1690년대에 이것은 "백스터주의"Baxterianism 그리고 "새로운 율법"new law 개념을 제공한 것으로 유명했기 때문에 "신율법주의"Neonominianism라고 불렸다.[17]

백스터의 관점은 꽤 독특한 자연신학natural theology에 뿌리박고 있다. 백스터는 흐로티우스와 함께 하나님의 법칙rule과 하나님의 나라에 대한 성경의 가르침이 통상적인 정치적 이론에

---

17 다음 자료를 보라. Allison, *The Rise of Moralism*, 제8장, pp. 154-77. 알리슨은 백스터, 하몬드, 손다이크, 제레미 테일러 그리고 존 굿윈에게 통상적이었던 알미누스주의적인 개념의 원천을 주목하지는 않는다. 즉 하나님께서 그리스도로 말미암아 재가하신, 용납하심의 새 원리 때문에 믿음이 그 자체로 우리의 의라는 것이다. 그러나 그가 다음과 같이 말한 것은 옳았다. "백스터가 말하는 것처럼 보이는 대로, 만일 우리가 단지 (그리스도의 희생 때문에 받아들여질 수 있게 된) 우리 자신의 의에 의해서만 의롭게 된다면, 그리고 만일 우리 자신의 의가 실제로 하나님께서 우리에게 직접 주시는 것이라면, 백스터의 입장은 트렌트 공의회의 것과 구별하기가 어렵다"(p. 163).

동화되어야 하거나 혹은 자신이 말한 대로, 신학은 "정치적인 방법"political method을 따라야 한다고 생각했다. 하나님은 통치자로 그리고 복음은 하나님의 법적인 규정의 일부로 이해되어야 한다는 것이다.

백스터에 따르면, 우리의 구원은 이중적인 칭의에 수반한다. 하나는 이생의 것이고 두 번째 것은 죽음 이후의 것이다. 그리고 두 칭의 모두 이중적인 의를 요구하는데 하나님의 새로운 율법을 제정하기 위한 공로가 되는 원인으로서의 그리스도의 의 그리고 참된 믿음과 회개를 통해 그 새로운 율법에 순종하는 우리 자신의 의이다.

또한 예수 그리스도는 옛 율법의 규범적이고 형벌적인 요구를 만족시킴으로써 인류를 위해 새로운 율법을 얻으셨는데, 그는 하나님의 통치 체제의 수장으로서 높아지시고 재위하셔서 자신의 죽음이 획득한 율법을 집행하시고 그 율법하에 참된 신자들을 용서하시는 분으로 이해되어져야 한다.

또한 믿음은 지금 여기에서 사람을 의롭게 만들기 위해 전가된다. 왜냐하면, 믿음은 복음에 대한 실제적인 순종이고, 복음은 하나님의 새 율법이며 새 언약이기 때문이다. 또한 믿음은 하나님의 원래의 교훈적인 법규였던 도덕법을 지키기 위한 헌신과 관련된다. 그리고 각 신자는 새로운 율법에 대해서는 의롭다 할지라도, 옛 율법과 관련해서는 자신의 불순종에 대하여 매 순간 용서를 필요로 한다.

백스터는 주류 개혁주 관점을 가진 사람들에 대항하여 지속적으로 싸웠는데, 그 관점의 내용은 우리의 칭의의 토대이자 형상인은 그리스도 자신의 의가 우리에게 전가됨이며,

그리스도의 의는 그리스도께서 우리를 대신하여 계명과 도덕법의 형벌을 다 충족하심이라는 것이다.

백스터는 개혁주의적 관점이 "이미 지불된 것에 대하여 하나님께서 두 번 요구하지 않으실 것"payment-God-will-not-twice-demand이라는 원리, 즉 그리스도께서 우리를 위해서 이루신 것은 다시 우리에게 우리 자신을 위하여 요구될 수 없다는 원리 위에서 논리적으로 반(反)율법주의, 즉 우리는 더 이상 하나님의 율법을 지킬 필요가 없다는 사상을 수반한다고 확신했다.

로마 가톨릭과 소키누스주의와 성공회 고교회주의의 동시대인들이 그랬던 것처럼 백스터는 자신의 사고를 통해 가정하기를, 이러한 개혁주의적 관점을 따르면 율법 준수는 구원을 확보하기 위해 행해진 일로서가 아니라면 하나님에게든 사람에게든 관련성이 없게 된다고 했다.

백스터가 그렇게 가정했던 것은 이상한 실수이지만, 그의 이러한 율법주의적 경향은 결코 그 자신의 신학적 체계로부터 얻은 것이 아니었다.[18] 백스터의 관점들은 군목으로 있으

---

[18] 존 오웬은 성령에 대한 그의 논문(Πνευματολογια)의 마지막 부분을 개혁주의적 복음이 거룩함을 불필요하게 만든다는 추정을 교정하는 데 할애한다. "소키누스주의자들(Socinians)은 그리스도의 속상(贖償, satisfaction)의 교리가 거룩한 삶의 필요성을 던져 버린다고 주장한다. 교황주의자들은 그리스도의 의가 우리에게 전가되는 것에 관련하여 동일하게 말한다. 다른 사람들은 하나님의 값없는 선택 교리, 죄인들의 회심(conversion)을 일으키는 하나님의 은혜의 전능한 유효성, 그리고 참된 신자들이 은혜의 상태에서 종말까지 보호받는 일에 있어서의 하나님의 신실하심에 대항하여 동일한 고소장을 내민다"(*Works*, III:566 이하). 그러나 오웬은 거룩함이 다음과 같은 이유로 필요하다고 말한다. ① 하나님의 본성, ② 하나님의 선택의 목적, ③ 하나님의 명령, ④ 그리스도의 사역의 목적, ⑤ 죄가 가져온 내적인 무질서가 치유되어야 할 우리의 필요.

면서 실제적인 반율법주의와 부딪쳤던 1640년대의 충격적인 기간 동안에 확고해졌다. 그때 이후로 그는 반율법주의를 몹시 싫어했는데 인생 말년까지 그랬다. 백스터는 자신의 인생 말년에 토비아스 크리스프Tobias Crisp, 1600-43의 재출간된 설교들을 반율법주의라고 공격함으로써, 장로교인들과 독립교회 교인들 사이의 "행복의 연합"Happy Union이[19] 체결되기 직전에 무산시켰다.[20]

---

[19] 역주: "행복의 연합"은 학생들을 교육하고 회중들을 구제하기 위해서 장로교단과 독립교회파(혹은 회중교회)의 협력으로 세워진 기금조성 프로젝트였는데, 크리스프의 재출간된 설교에 대하여 백스터가 *The Scripture Gospel Defended*(1690)라는 저술로 반율법주의적이라고 공격하자 이에 대한 장로교파 목사들의 평가와 독립교회파 목사들의 재평가가 분쟁으로 이어지면서 1692년에 "행복의 연합"은 결렬된다. 백스터는 1691년 12월 8일에 사망했다. 다음의 웹 사이트를 참고하라. http://www.oxforddnb.com/templates/article.jsp?articleid=1734

[20] 전체적인 이야기는 다음 자료를 보라. Peter Toon, *Hyper-Calvinism* (London: The Olive Tree, 1969), 제3장. 크리스프에 대하여 다음 자료를 참고하라. Allison, *The Rise of Moralism*, pp. 171 이하. 크리스프는 우리를 위한 그리스도의 대리적 죽음으로 말미암는, 믿음 이전의 칭의를 단언했다. 그리고 그리스도께서 전가에 의해 위대한 죄인이 됐다는 루터적인 발언을 했다. 나, 즉 죄인을 위한 그리스도의 죽음에 대한 지식으로서의 믿음이라는 그의 생각 역시 루터적이었다. *Christ Alone Exalted*라는 제목으로 출간된 책에서, 크리스프의 설교들은 우리 중 최악의 사람들을 위한 그리스도의 속죄의 죽음과 현재적 용납하심 가운데 나타난, 죄가 큰 자들을 향한 그리스도의 위대한 은혜를 찬양한다. 크리스프는 거룩함은 우리의 감사의 반응이라고 주장하면서 반율법주의를 부인한다. 그에 대하여 가장 나쁘게 말할 수 있는 것은 그가 사용한 언어들 중 일부가 천박하고 너무 무리한 표현이라는 점이다. 존 길(John Gill, 1697-1771)은 초(超)-칼빈주의자(hyper-Calvinist)이지 반율법주의자는 아닌데, 크리스프의 본질적인 건전함을 변호하는 언급을 첨가하여 그의 설교들을 나중에 재출간했다. 이것은 1832년의 7쇄에 이르렀다.

1690년대의 크리스프와 관련된 논쟁은 더욱 뜨거운 작품들을 만들어 냈다. 그러나 가장 좋은 책은 가장 침착한 로버트 트레일Robert Traill, 1642-1716의 『반율법주의라는 부당한 고소로부터 칭의와 관련된 개신교 교리와 이 교리를 가르친 설교자들과 교수들에 대한 변호. "저자가 이 나라의 어떤 목회자에게" 보낸 한 편지 중에서』*Vindication of the Protestant Doctrine concerning Justification, and of its Preachers and Professors, from the unjust charge of Antinomianism. In a Letter from the "Author to a Minister in the Country"*였다.

트레일은 다음과 같이 설명한다.

첫째, 백스터의 도식은 로마서 5:12 이하에서 제시된 대로 마지막 아담이신 그리스도의 대표적 머리이심—그리스도의 의가 그의 백성들에게 전가되는 기초로서의 독특한 관계성—에 부합되지 않는다.

둘째, 백스터의 도식이 영적으로 비실제적이다. 왜냐하면 부정함과 죄책의 짐에 의해 양심에 눌림을 가진 죄인이 위안을 발견하는 길은 자신의 믿음이 새로운 율법에 따라 복음적인 의라는 것을 스스로 생각하는 데 있는 것 아니라 그리스도와 그분의 십자가를 바라보는 데 있기 때문이다.

양심에 눌림이 있을 때, 자기의 믿음과 의에 대해서 이야기하는 것은 기껏해야 바보스런 짓이고 최악의 경우에는 위험한 덫이다. 그런 경우에는 줄 수 있는 대답이 없는 것처럼 보인다. 심지어 백스터가 취하는 칭의에 대한 알미니우스주의적 교리의 "정치화된"politicized 설명도 해답을 줄 수 없을 것이다.

7. 의를 요구하는 하나님의 속성에 대한 차이점

이제 우리는 알미니우스주의자와 칼빈주의자의 사고 사이에 있는 마지막 차이점을 발견하기에 이른다. 이것은 우리가 살펴보게 될 이른바 하나님의 속성에 대한 각기 다른 관점이다. 이것은 하나님께 대한 사람의 반응 혹은 반응의 결핍에 있어서 하나님께서 주권적인지에 관련하여 그리고 하나님께서 구원으로 무조건적으로 선택하시는지 아닌지에 관련하여 뚜렷이 구별되는 문제이다. 그 차이점은 백스터의 칭의에 대한 가르침 뒤에 놓여져 있는 속죄의 관점을 살펴봄으로써 드러난다.

백스터는 호로티우스의 책을 본받아 하나님께서 타락한 사람을 회복시키기 위한 목적을 가지셨을 때, 하나님은 그런 자신의 계획을 율법을 만족시킴으로써가 아니라 율법을 바꾸심으로써 수행하셨다는 생각을 견지했다. 즉 그리스도의 죽음에 대한 보답으로 새로운 율법이 들어왔고, 옛 율법의 형벌 요구가 철회됐다는 것이다.

분명히 백스터는 그리스도의 죽음을 호로티우스의 이해처럼 사람에게 교훈을 주기 위한 형벌적 본보기로서 인식하기보다는, 안셀름Anselm of Canterbury, 약 1033-1109의 방식과 유사하게 우리의 죄를 위한 하나님께 대한 속상(보상compensation)으로 본다.

그러나 백스터는 호로티우스처럼 원래 율법이 응보를 요구하는 것은 하나님의 본성이 아니라, 단지 통치를 위한 본질적

요건에만 토대를 둔다고 추정한다.[21] 여기서 문제가 되는 점은 하나님의 거룩하심이다.

주류 개혁주의 신학은 하나님의 율법에 대한 규율과 처벌 모두 하나님의 불변하는 거룩하심과 공의justice의 영구적인 표현으로 본다. 그리고 하나님은 율법을 희생시켜서 죄인들을 구원하지 않으신다는 점을 견지한다. 대신에 하나님은 사람의 대리자substitute이신 성자 예수께 진노를 쏟아 자신의 진노를 누그러뜨리시며, 죄인들을 대신하여 자신의 율법을 만족시킴으로써 죄인들을 구원하신다. 그리하여 하나님은 심지어 예수를 믿는 믿음을 가진 사람을 의롭다고 하시는 때에도, 마땅히 처벌되어야 할 모든 죄를 심판하심에 있어서는 공의로운 분으로 남으신다.

호로티우스와 백스터의 도식들은 죄에 대한 하나님의 진노를 불변하는 속성의 계시보다 다소 부족한 공적인 표현으로 만들어 버린다. 그래서 지혜로운 자비가 하나님의 도덕적인 본성의 실제적인 본질이라는 개념에 문을 열어준다.

유니테리언들Unitarians과[22] 자유주의자들Liberals은 적절한 때가 되자 이 개념을 자신의 것으로 삼았는데, 그들 중 일부는 그들의 주장에 이르도록 길을 가리켜 준 것에 대하여 감사하

---

[21] 역주: 결국 패커 박사에 의하면 백스터는 안셀름의 만족설(공의의 충족)의 개념을 가졌지만 새로운 율법 사상에 치중함으로써, 거룩하심에서 나오는 율법 안에서의 하나님의 공의가 하나님의 본성이 아니라 통치를 위한 요건에 기반한 것으로 본 것이다. 그러므로 하나님의 거룩하심으로부터 나오는 죄에 대한 진노가 불변의 속성은 아니라는 길을 터주게 된 것으로 평가된다.

[22] 역주: 유니테리언은 18세기에 등장한 삼위일체를 부정하는 단일신론주의자를 말한다. 이들은 예수의 신성을 부인한다.

는 마음으로 알미니우스주의자들과 백스터를 되돌아보았다.[23]

8. 아미랄두스주의의 태동

이성주의적 알미니우스주의의 마지막 열매는 주목할 만하다. 해리슨은 "칼빈주의와 알미니우스주의 사이의 중간에 해당하는 것"을 수정된 칼빈주의modified Calvinism라고 불렀다.[24] 이것은 스콧 존 카메론Scot John Cameron, c. 1579-1625이 소뮈르신학교Saumur Seminary에서 발전시켰는데, 역사는 이것을 가장 자세하게 주창한 모이즈 아미로Moïse Amyraut, Moyses Amyraldus, 1596-1664를 따라 아미랄두스주의Amyraldism라고 부른다.

아미랄두스주의는 알미니우스주의가 무조건적 예정이 신자들을 구원하기 위한 하나님의 작정 안에 포함되지 않는다고 생각한 점에서 실수를 범한 것처럼, 타락전예정설자들

---

[23] 이러한 경우는 유니테리언 역사가인 알렉산더 고든(Alexander Gordon, 1841-1931)에 해당했다. 키더민스터(Kidderminster)에 있는 리처드 백스터 교회는 오늘날 유니테리언 집회소가 되어 있다.

[24] Harrison, *Arminianism*, p. 111. 아미랄두스주의는 "구속후선택론"(Post-redemption)이라는 이름하에 평가된다. B. B. Warfield, *The Plan of Salvation* (Grand Rapids: Eerdmans, 1975), pp. 90-96. (역주: 구속후선택론과 관련하여 다음의 언급을 참고하라. "구속후선택론자들은 곧, 선택의 작정이 논리상 구속의 작정 뒤로 미루어진다고 생각하는 자들이라고 불려질 수 있다. 이들의 관점에서 구속은 모든 인간들에게 동등한 관련을 가지며, 단지 이 구속이 사람들에게 적용되는 내용에 있어서만 하나님은 사람들을 구별하시고, 이러한 의미에서 제한 구원론적으로 행하신다." 벤자민 워필드, 『구원의 계획』, 모수환 옮김 [고양: 크리스찬다이제스트, 2008], 98.)

supralapsarians과 타락후예정설자들infralapsarians도 성부께서 오직 택자들만을 구속하기 위해서 성자를 보내셨다고 생각함에 있어서 잘못됐다고 단언했다. 그보다도, 하나님은 우선 구별이 없이 타락한 인류를 구속하기 위해서 성자 예수를 지명하셨고, 그리고 나서 효과적으로 불러 영광에 이르기까지 보존하시려는 사람들을 선택하셨다고 보았다.[25]

그러므로 아미랄두스주의는 알미니우스주의적 관점, 즉 규정되지 않은 보편적인 구속에 대한, 그리고 모든 사람에게 열려진 복음의 약속과 동일한 은혜언약에 대한 알미니우스주의적 관점을 특정한 선택, 유효적 부르심, 최종적인 보호를 믿는 칼빈주의적 신념과 융합시켰다.

백스터는 아미랄두스주의가 자신의 "정치적인 방법" 및 평생에 걸쳐 탐구한 통합적인unitive 신학에 부합한다고 보았다. 그러나 개혁주의 신학자들은 일반적으로 아미랄두스주의를 일관성과 설득력이 없는 것으로 평가했다. 그리고 사람들을 구원하기 위한 그리스도의 사역을 진술하는 방식에서 볼 때 분명히 반(反)성경적이라고 판단했다.

분명, 개혁주의자들 안에서는 아미랄두스주의적 관점이 쉽게 부상할 수 없었다. 왜냐하면 알미니우스주의와 그렇지 않은 칼빈주의 사이의 유화적인 통합은 모든 사람이 이겼으므로 모든 사람이 상을 받아야 한다는 느낌을 주는 것 같았으므로 이러한 통합에 대한 절실한 요구가 없었기 때문이다.

---

[25] 역주: 타락전예정설 혹은 타락후예정설에 따르는 선택과 유기의 이중예정을 부인하면서 알미니우스주의자도 아닌 사람들이 아미랄두스주의적 예정관을 취하는 것은 자연스운 일이다.

이제 우리는 복음주의적 알미니우스주의로 넘어간다. 이것은 이성주의적 알미니우스주의가 매우 효과적으로 쫓아내 버린, 칭의에 대한 개혁주의적 진리를 회복시키려는 목적을 부분적으로 가지고 있었다.

> **요약**
>
> 1) 개혁주의는 칭의의 토대를 전가된 그리스도의 의로 보고, 로마 가톨릭은 하나님의 의가 주입됨으로써 사람 안에 내재하는 의로 보며, 알미니우스주의는 복음에 대한 사람의 순종(이것이 믿음이며, 또한 의이다)으로 본다. 개혁주의는 칭의의 토대가 전적으로 그리스도의 순종의 의에 놓여져 있으나, 로마 가톨릭과 알미니우스주의는 인간 편의 의가 칭의의 토대가 된다.
> 2) 이성주의적 알미니우스주의는 복음이라는 새로운 율법에 대한 인간 편에서의 순종(행위)을 믿음이라고 보고 이를 칭의의 토대로 삼기 때문에, 새로운 율법주의로 인도했다. 이런 관점을 받아들인 백스터의 사상은 백스터주의 또는 신율법주의라고 불리게 됐다.
> 3) 백스터는 그리스도의 속죄가 하나님의 거룩하심으로 인한 율법 안에서의 응보라기보다는, 통치자이신 하나님께서 복음이라는 새로운 규정으로 통치하기 위한 요건으로 본다. 따라서 죄에 대해 진노하시는 거룩하신 하나님에 대한 개념보다는, 율법을 복음이라는 새로운 율법으로 바꾸어 인간을 구원하시는, 지혜롭고 자비롭게 변화하는 하나님을 제시한다.

4) 아미랄두스주의는 알미니우스주의와 칼빈주의를 조화시키려는 사고에서 나왔는데, 하나님께서 타락한 모든 인류 각각을 위해 성자 예수를 대속자로서 예정하신 다음, 구원하실 사람들을 주권적으로 택하셨다고 본다. 칼빈주의는 이러한 관점을 부자연스럽고 일관성이 없는 것으로 여긴다. 즉 예수께서 모든 죄인들을 위해 구속자로 지명됐음에도 불구하고, 결과적으로는 구원 받을 택자들만을 위해 속죄하신다는 주장이기 때문이다.

더 읽을 자료

- *Redemption Redeemed*(1651)은 존 굿윈의 대표작이었다. 2절지 600페이지에 달하는 작품인데, 그는 이것을 캠브리지대학교의 부총장인 플라톤주의자 벤자민 휘치코트(Benjamin Whichcote, 1609-83)와 모든 학장들과 그곳의 모든 신학생들에게 헌정했다. 이 책의 표제지에는 다음과 같은 내용이 실려 있다.

  Ἀπολυτρωσι Ἀπολυτρωσεω 혹은 Redemption Redeemed. 여기에 예수 그리스도로 말미암는 세상의 구속에 대한 가장 영광스러운 사역이 소개되어 있다. 이것은 성경적 표현이며, 명확한 논증이며, 옛날이나 지금이나 최고 권위의 지지를 받으며, 정당한 장소와 그 이상의 지역에서 주장된 것인데 하나님의 가장 영광스러운 의도와 경륜에 따른 것이다. 그리고 이 하나님의 경륜에 가해진 후대의 공격에 저항하는데, 이러한 공격은 하나님의 은혜의 말할 수 없는 부요함과 영광을

모호하게 만들어 왔고 지금도 그러하며, 많은 사람들의 눈을 가려 왔다. 선택과 유기, 회개하고 믿도록 하나님께서 사람에게 주신 수단들의 충분성과 유효성에 관련하여, 성도의 견인 그리고 그것을 믿는 사람들과 관련하여, 하나님의 본성, 그분의 사역 방식, 하나님의 의도, 목적, 작정 등과 관련하여, 모든 피조물의 의존성 혹은 하나님께 대한 이차 원인들, 그것들의 단순한 존재 혹은 실재와 마찬가지로 그것들의 작용과 관련하여 중요한 질문들을 냉철하고 평이하며 자세하게 논의한다. 이와 함께 이런 모든 질문들에 대한 결정은 하나님의 본성과 속성, 이런 질문들과 관련된 각각의 문단 안에서의 단어, 문구, 일관성에 대한 명백한 본질적 요건들과 관련된 것인데, 하나님의 선한 말씀에 기초하고 통상적으로 수용된 교리를 따라 해석된 것이며 또한 (대부분의 경우) 현대와 옛날의 가장 뛰어난 강해자들의 판단과 감각에 따른 것이다. 독자들의 편의를 위해 세 개의 표가 첨부되어 있다.

옥스퍼드 대학의 부총장 존 오웬은 1654년에 견인 주제를 다루는 것으로서 거의 동일한 인상을 주는 표제지를 가진 비슷한 길이의 2절판 책으로써 회답했는데, 이것은 올리버 크롬웰에게 헌정됐다.

성도의 견인 교리를 설명하고 확증함. 혹은 그들의 (1) 하나님께 받아들여짐과 (2) 하나님께로부터 나오는 성화에 대한 특정한 영속성. 이것은 (1) 영원한 원리들, (2) 유효한 원인들, (3) 그런 것들의 외적인 수단들로부터 드러나고 증명된다.

성도의 견인 교리는 (1) 하나님의 언약과 약속들에 대한 작정의 불변하는 특성, (2) 예수 그리스도의 제물되심과 중보, (3) 복음의 약속, 권고, 위협 안에 있다. 성도의 견인 교리는 순종과 위로에 대한 복음의 참된 경향성 안에서 증진된다.

그리고 존 굿윈이 그의 책 Redemption Redeemed 내에서 이 점에 반대하는 담론에 대한 전체적인 답변으로써 이 논지를 변호한다. 그리고 몇 가지 지엽적인 것들을 함께 다루는데, 다음과 같은 것이다. (1) 그리스도의 죽음의 즉각적인 효력, (2) 성령의 인격적인 내주, (3) 그리스도와의 연합, (4) 복음의 약속의 특성 등. 또한 경합하기 위해 진리를 다루는 고대 신학자들의 판단을 보여 주는 서문. 여기에는 이그나티우스의 서신들을 다루는 하나의 담론, 고대 신학자들 가운데 강한 주장을 펼친 감독들, 그리고 성도의 견인 문제를 다루는 H. H. 박사의 논문들에 대한 약간의 비평을 포함한다("H. H."는 헨리 하몬드[Henry Hammond, 1605-60]이다).

- 백스터의 믿음에 대한 이해(복음에 대한 실제적인 순종)와 그리스도의 의의 전가에 대한 부인은 현대의 바울 신학의 새 관점(New Perspective on Paul: NPP)이 주장하는 믿음의 개념과 상통한다. NPP의 핵심 인물인 라이트(N. T. Wright)가 주장하는 믿음으로 얻는 '현재의 칭의'(이것은 결코 완성된 것이 아니다)와 행위에 따라 결정되는 '미래의 칭의'(최종 구원을 결정함)라는 이중적 구도는 백스터가 제시하는 이중적 칭의 개념과도 유사하다. 다음의 자료들을 참고하라. 가이 워터스, 『칭의란 무엇인가』, 신호섭 역 (서울: 부흥과개혁사,

2011), 91-126. 현영훈, "바울 신학의 새 관점에 대한 소론(小論)(I)," 「고려신학」 28 (2013), 119-150. 그러나 라이트는 행위에 의한 칭의 개념을 보다 명확히 한다는 점에서 로마 가톨릭의 관점(구원에 인간의 공로가 필요하다는 점)에 보다 근접하게 들어간다. 권연경의 경우 그리고 NPP와의 융합에 무게를 두는 김세윤도 구원에 대한 이중적인 구도를 주장한다(현재적 칭의와 인간의 행위에 따른 최종 구원 결정). 이들 역시 현대 교회의 반(反)율법주의적 경향(윤리적 타락성)에 대한 저항의 관점에서 논지를 전개하는 것으로 보인다. 그러나 이들의 주장은 새로운 대안이라기 보다는 알미니우스주의의 변형된 반복으로 보는 것이 타당할 것이다. 다음의 저서를 보라. 김세윤, 『칭의와 성화』(서울: 두란노, 2018). 권연경, 『행위없는 구원?』(서울: SFC, 2015). 권연경에 대한 비판은 다음을 보라. 김병훈, "행위없은 구원?에 나타난 권연경의 '주석적 회개'(?)와 종교개혁 신학으로부터의 이탈", 「신학정론」 26(2), 2008, 195-219.

- 각주 20번에서 언급된, 초-칼빈주의자로 분류되는 존 길에 대한 추가적인 설명은 다음의 자료들을 참고하라. 김홍만, "존 웨슬리가 본 칼빈주의," 「한국개혁신학」 32 (2001), pp. 15-46. 김승진, "영국 침례교의 대표적인 칼빈주의자 John Gill: 그의 생애와 신학사상," 「복음과 실천」 51 (2013), 131-156

제5장

복음주의적 알미니우스주의

1. 웨슬리의 신앙적 배경

존 웨슬리는 그의 부모로부터 가정 교육의 일부로서 틀에 박힌 알미니우스주의를 배웠다. 그의 부모인 사무엘Samuel과 수잔나Susanna 모두 칼빈주의적 비국교도 신앙에서 알미니우스주의적 성공회주의로 옮겼다. 그리고 그들은 자신들이 결별한 칼빈주의적 비국교도의 가르침에 날카로운 적대감을 보였는데, 이런 류의 심리 상태는 잘 알려져 있다. 수잔나는 존 웨슬리가 22살 때인 1725년에 보낸 편지에서 예정에 대한 관점과 존 웨슬리가 말년에 항상 옹호했던 성공회 신조 39개 조 중 17조의 의미에 대한 견해를 언급한다.

> 엄격한 칼빈주의자들에 의해 지지되는 예정 교리는 매우 충격적이란다. … 왜냐하면 그것은 가장 거룩하신 하나님을 죄의 조성자로 고소하기 때문이지. … 나는 하나님께서 영원 전에 일부의 사람들을 영생으로 들어가도록 선택하셨다는 것을

믿는단다. 그러나 나는 하나님의 선택은 로마서 8:29-30에 따라 그분의 예지에 토대를 둔다고 겸허히 이해한단다. 하나님은 자신의 선견을 통해 누가 자신의 자산을 올바르게 사용하고 제공된 자비를 받아들일지를 보시는 가운데 참으로 예정하셨는데 … 우리가 내일 태양이 떠오를 것을 아는 것이 일출의 원인이 아닌 것처럼, 하나님의 예지가 많은 사람들이 궁극적으로 멸망하는 원인으로 추정될 수 없단다.[1]

2. 웨슬리의 믿음 개념

그러나 1738년 올더스게이트 가(街)의 경험을 낳았던 웨슬리와 모라비아교도들 간의 유대는 웨슬리가 가졌던 알미니우스주의에서 모든 도덕주의와 자기 노력을 제거했다. 그리고 그 자리를 대신하여 참 종교가 반드시 수반하는 즉각적인 신생 new birth의 일부로서, 믿음을 통한 즉각적인 칭의를[2] 분명하게 강조했다.

우리가 앞에서 암시했던 것처럼 웨슬리가 참된 그리스도

---

[1] 이 편지는 다음 자료에 실려 있다. Luke Tyreman, *Life and Times of John Wesley* (New York: Harpe & Brothers, 1872), I:39 이하. Harrison, *Arminianism*, pp. 189 이하. Martin Schmidt, *John Wesley: A Theological Biography* (London: Epworth Press, 1962), I:87 이하.

[2] 웨슬리는 "칭의가 이중적인 행위로서 첫 부분은 현재 발생하며 믿음을 전제하는 반면, 둘째 부분은 마지막 날에 발생하며 행위들(works)을 요구한다는 당시 통상적으로 견지됐던 관점을 거부했다. 존 웨슬리에게는 오직 하나의 칭의만 있었다. … 칭의는 오직 믿음에 의해 받으며, 믿음은 오직 은혜를 통해 생긴다"(Schmidt, *John Wesley*, II:I, p. 43).

인의 삶으로 들어가기 위한 회심 conversion을 제시할 때 강조한 것은 (자신을 웨슬리의 계승자로 보는 오늘날의 사람 중 일부와는 달리) 믿음을 주시고 신생을 초래하시는 하나님께 사람이 전적으로 그리고 속수무책으로 의존해야 한다는 점이었다. 왜냐하면 웨슬리는 믿음을 현대의 유행어인 결단 decision이 아니라, 성령의 내적 증거의 종속적인 결과인 신뢰와 확신의 복합체로 생각했기 때문이었다.

성령께서 믿음을 주심에 있어서 증거하시는 것은 각 사람에게 적용되는 용서와 양자 삼음에 대한 약속이었다. 여기서 모든 종교개혁가들을 대표하여 칼빈을 인용하자면, 그는 믿음을 "우리를 향하신 선하심을 아는 확고하고도 분명한 지식으로서, 그리스도 안에서 값없이 주신 약속의 진리에 근거하는 것이고, 성령으로 말미암아 우리의 지성에 드러나고 우리의 마음에 인쳐진 것"[3]이라고 정의했다.

웨슬리의 믿음에 대한 가르침은 신-인 협력주의 및 자기결정의 세계로부터 신 독력주의(神 獨力主義) 및 주권적인 은혜의 세계로 되돌아가게 만드는 전환점을 제시한다.

웨슬리가 믿음에 대한 자신의 관점을 결정한 것은 올더스게이트 가의 체험 덕분이었다. 거기서 루터의 『로마서 주석』이 낭독되는 동안 그의 마음은 "이상하게 따뜻해" strangely warmed 졌고, 그는 모라비안 친구들이 진정한 믿음이라고 그에게 말해 주었던 것 속으로 들어갔다. 이른바, 그것은 십자가를 통한 용서와 받아들여짐의 확신이었다.

---

[3] 『기독교 강요』 III:ii.7.

나는 구원을 위해서 그리스도, 오직 그리스도만을 신뢰했음을 느꼈다. 그리고 하나님은 나의 죄들을, 심지어 나의 죄들마저도 제거하셨다는 확신이 내게 주어졌다.

웨슬리는 비록 언어상의 일관성은 없지만 습관적으로 이러한 확신은 하나님께서 주시는 믿음, 즉 구원하는 믿음 안에 있는 필수적인 요소라고 가르쳤다.[4]

웨슬리에게 있어서 회개는 믿음의 전제 조건이었는데, 죄에 대한 슬픔 그리고 삶의 태도에 대한 개혁이었다. 1744년 감리교도 집회 회의록 1744 Conference Minutes에 있는 것처럼, 진실로 그는 간혹 회개를 "믿음의 낮은 상태" 혹은 아들과 대조하여 '종의' 믿음이라고 묘사하곤 했다.^{비교, 갈 4:1-7; 롬 8:15 이하}

그러나 그의 기본적인 생각은 회개가 하나님을 '추구하는' 상태인 반면, 믿음은 하나님을 '발견하는' 상태 혹은 오히려 하나님에 의해 자신이 '발견된' 상태라는 것이었다. 하나님을 추구하는 사람은 하나님을 기다리는 것 이외에 아무것도 할 수 없다. 다만 확신의 빛이 자신의 마음 속을 밝힐 때까

---

4 이 정의를 1744 Conference Minutes(역주: 1744년도에 존 웨슬리가 주최한 감리교도 집회 회의록이다)에 기록된 것과 비교해 보라. "먼저, 죄인은 성령에 의해 '그리스도는 나를 사랑하셨으며 나를 위해 자신을 주셨다'는 확신을 가진다. 이것은 그를 의롭게 하거나 혹은 죄 사함을 주는 바로 그 믿음인데, 이는 그가 믿음을 받는 순간에 일어난다. 즉각적으로 동일한 성령께서 '너는 용서를 받았다. 너는 그리스도의 피로써 구속됐다'고 증거하신다. 이것이 구원하는 믿음인데 이로 말미암아 하나님의 사랑이 그의 마음에 퍼져 솟구친다." 다음 자료에서 인용함. Maximin Pierre, *John Wesley in the Evolution of Protestantism* (London: Sheed and Ward, 1938), p. 423.

지, 양심의 부드러움과 기도의 열렬함으로써 자신의 추구가 진정성이 있음을 보여야 할 뿐이다.

이런 가르침은 "준비적인 작업"preparatory works으로 불리는 청교도 교리와 비슷한데, 고뇌하는 영혼들을 상담함에 있어서 청교도와 비슷한 실천을 하도록 인도했다. 이러한 점은 화란의 알미니우스주의[5]와는 상당한 차이가 있는 것이다.

칭의 자체에 대한 웨슬리의 관점을 보면, 웨슬리가 인식했던 한도 내에서는 종교개혁가들에게로 전환한 것이었다. 그는 그리스도의 속죄의 죽음을 형벌적이고 대리적인 것으로 표현했다. 그리고 우리가 하나님으로부터 용서받고 받아들여지는 토대는 오직 그 죽음뿐이라고 주장했다. 그는 1765년에 칭의에 대해서 "칼빈이 믿었던 바로 그대로"[6] 27년 동안 믿어왔다고 참으로 진실하게 선언했다.

---

[5] 역주: 앞에서 다룬 이성주의적 알미니우스주의에 상응한다.
[6] 다음 자료로부터 인용함. Harrison, *Arminianism*, p. 191. 또한 웨슬리는 다음과 같이 썼다. "여태껏 살았던 어떤 사람 중에 칼빈만이 알미니우스가 그랬던 것보다 더 강력하고 선명하고 분명한 용어로써 믿음에 의한 칭의 혹은 원죄를 주장했다. 이 점에서 보면 웨슬리와 휫필드(Whitefield) 사이에 조금의 차이도 없다"(*Works*, V:133). 웨슬리가 원죄와 관련하여 알미니우스에 대해 말한 것은 대체적으로 참이다(Bangs, *Arminius: A study in the Dutch Reformation*, pp. 337 이하). 그러나 제대로 말하자면, 웨슬리는 칭의에 대해서 정통하지 않다. 그는 *Thoughts on Christ's Imputed Righteousness* (1762: Works, V:100 이하)에서 그리스도의 의의 전가를 칭의의 토대로서 말하기를 거절하는데, 그리스도의 순종과 사람의 믿음이 칭의에 어떻게 연관되는지에 대한 개혁주의와 알미니우스주의 개념 사이의 차이점을 주목하지 않은 채, 단지 성경의 문구가 아니라는 이유에서 그러하다. 그리고 그는 개혁주의 칭의 관점에 매우 날카로운 방식으로 반대하는 작품들인 리처드 백스터의 *Aphorisms of Justification*과 존 굿윈의 *Treatise on Justification*을 각각 다른 시기에 재출간하기도 했다.

3. 웨슬리의 반(反)칼빈주의적 성향

그러나 웨슬리는 자신의 가르침을 알미니우스주의적 의미 안에서 끌어오기를 원했다는 점을 사람들이 잊지 않기를 희망했다. 왜냐하면 그는 모든 형태의 칼빈주의를 싫어했고, 그 결과 그에게 많은 문제들이 발생했는데 대부분의 문제는 그 자신이 만든 것으로서 불필요한 것이었다. 그는 항상 칼빈주의를 3가지 일정한 방식 안에서 희화화戱畵化했다.

첫째, 반(反)율법주의처럼 거룩함을 불필요하게 만드는 것으로 여겼다.

둘째, 세상에 하나님의 사랑을 설교하는 것을 제한하는 것으로 여겼다(어떤 이유 때문인지 모르지만 웨슬리는 칼빈주의에 따르면 단지 "20명 중 1명"이 선택된다고 확신했다).

셋째, 운명론적인 것이고, 도덕적인 책임을 파괴시키며, 영적인 영역에서 수단과 목적 사이[7]의 연결을 부인하는 것으로 여겼다.

웨슬리는 생애 말년에 다음과 같이 썼다.

> **질문 74.** 감리교파에서 주장하는 마음의 거룩함heart-holiness의 교리를 직접적으로 와해하는 것은 무엇인가?
> **답변**. 칼빈주의다. 하나님의 구원 사역을 중단시키기 위해서 지난 50년 동안 사탄이 사용한 모든 수단들은 이 한 가지 교리보다 훨씬 미치지 못했다. 칼빈주의는 영광에 도달하기에

---

[7] 역주: 믿음과 영생 사이.

앞서서 죄로부터의 구원이라는 기초를 공격하고, 구원의 문제를 상당히 다른 쟁점 위에 올려 놓는다. [다시 말해서, 웨슬리는 선택 덕분에 거룩함이 없이도 사람들이 구원 받을 수 있다는 식으로 칼빈주의를 취급한다.]

질문 75. 그러나 칼빈주의 교리의 매력은 어디에 있는가? 왜 사람들은 이 교리를 그렇게 탐욕스럽게 삼키는가?
답변. 그리스도를 찬미하기 위함인 듯하다. 비록 실제로 칼빈주의는 예수께서 헛되이 죽으신 것으로 생각하지만 말이다. 왜냐하면 칼빈주의에 따르면, 절대적으로 선택된 사람들은 그리스도 없이도 구원 받게 되며, 비택자들은 그리스도에 의해 구원 받을 수 없기 때문이다.[8]

50년 이상이라는 기간 동안 많은 칼빈주의 친구들을 가졌었고 칼빈주의 저서들을 읽을 기회가 풍부했던 한 경건한 사람에게서 나온 이와 같은 그릇된 설명은, 거의 병적인 편견과 닫힌 마음이 어느 정도인지를 보여 준다. 칼빈주의의 실제에 대한 존 웨슬리의 아무도 꺾을 수 없는 무지는 동생 찰스와도 공유했는데, 이런 무지는 그의 어머니 수잔나의 가르침이 일생 동안 그의 마음을 어지럽혀 온 것으로 이해되어야 한다. 아무튼 이런 무지는 존 웨슬리와 또한 다른 많은 사람

---

[8] *Works*, ed. T. Jackson (London, 1829), VIII:336. (역주: 택자들의 구원을 위해 그리스도께서 중보자로 예정됐다는 점에서, 그리고 비택자들이 누구인지 그 어떤 사람도 알 수 없다는 점에서 웨슬리의 주장은 제압된다.)

을 위한 회초리가 되고 말았다.

웨슬리의 첫 번째 반(反)칼빈주의적 분출은 1740-41년에 페터 레인Fetter Lane과 킹스우드Kingswood 공동체 안에서 예정 교리와 관련된 문제에 의해 야기됐다.[9] 날카로운 의견 교환이 있었는데, 존 웨슬리는 동생 찰스의 도움을 받아 『하나님의 영원한 사랑에 관한 찬송들』Hymns on God's Everlasting Love이라는 책을 출간했다. 여기에는 웨슬리가 쓴 몇몇의 최고의 찬가들과 함께, 다음과 같은 류의 짤막한 노래들이 반복해서 실려 있다.

> 하나님, 언제나 자비하시고 공의로우신 분이
> 갓 태어난 아기들을 지옥에 채우시네.
> 끝없는 고통을 지옥으로 밀어 넣으셔서
> 그저 그분의 주권적인 뜻을 보이실 뿐이네.
> 이것은 참으로 '소름 끼치는 작정'일세!
> 이것이 지옥으로부터 나온 그 지혜라네!
> 하나님은(오, 신성모독을 혐오하라!)
> 죄인의 죽음으로부터 기쁨을 가지시네.[10]

위에서 제시된 것처럼 이런 노래 가사의 어조와 내용, 그리

---

[9] 역주: 페터 레인은 런던의 거리명이고 킹스우드는 브리스톨 인근의 지역명이다. 여기에 일정한 신자들의 공동체가 각각 결성됐고 조지 휫필드도 참여했는데, 결국 웨슬리와의 교리 논쟁 끝에 휫필드는 탈퇴한다.

[10] "소름 끼치는 작정"은 선택과 유기에 관련된 하나님의 작정을 설명한 칼빈의 서술(『기독교 강요』, III:xxiii.7)로부터 끌어낸 웨슬리의 과격한 표현이었는데, "소름 끼치는"(horrible)은 무언가 엄청난, 누군가를 부들부들 떨게 만드는, 그러나 반드시 혐오감을 주는 어떤 것은 아니라는 의미가 있다.

고 하나의 미숙한 복음주의 운동 안에서 벌어지는 논쟁에 기여하기 위해 웨슬리 형제가 제시하는 목회적 지혜와 관련된 비평은 분명히 지나치다.

양측의 모든 선동적 표현들로 인하여 1741년의 논쟁은 잦아들었지만, 1770년에 더 큰 논쟁이 일어났다. 웨슬리의 감리교도 집회 회의록은 실제 혹은 가상의 칼빈주의적 반율법주의자들antinomians에 대항하여, 믿음을 통한 구원은 또한 필연적으로 거룩함 가운데 구원이라는 점을 강조하길 원했기에, 로마 가톨릭처럼 사람의 행위들을 하나님께서 그 사람을 받아들이시는 근거로 가르치는 것처럼 보이게 작성됐다.

그 회의록은 사람이 구원 받기 위해서는 삶에 있어서 충성되고 노력해야 하며 회개의 열매를 산출해야 한다는 사실을 경시하고 있다는 점에서 "우리는 칼빈주의에 너무 많이 의지해 왔다"고 재차 확언하면서 다음과 같이 기록됐다.

모든 문제를 다시 한번 점검한다.

① 이제 우리 중 누가 하나님께 받아들여지는가?
지금 사랑과 순종적인 마음으로 그리스도 믿는 사람이다.

② 그러나 그리스도에 대하여 전혀 듣지 못한 사람은 누군가?
본성의 빛을 따라 "하나님을 경외하고 의를 행하는" 사람이다.

③ 이런 사람은 "진실한 사람"he that is sincere과 같은가?

완전히 같지는 않지만 거의 같다. [여기서 "보편적인 충분한 은혜"universal sufficient grace라는 알미니우스주의 교리가 드러난다.]

④ 구원은 행위에 의한 것이 아닌가?
행위의 공로merit에 의한 것이 아니라, 조건condition으로서의 행위에 의한 것이다.

⑤ 지난 30년간 우리가 논쟁을 벌여 온 것은 무엇에 대한 것인가?
유감이지만 말에 대한 것이라 생각한다 ….

⑥ 공로 자체에 대해서라면 우리는 공로를 몹시 두려워해 왔다. 우리는 우리의 행위에 따라according to our works 상급을 받는다. 그렇다 우리의 행위로 말미암아because of our works 상급을 받는다.
이것은 "우리의 행위 때문에"for the sake of our works와 어떻게 다른가?
그리고 이것은 "행위의 공로에 따라,"secundum merita operum 즉 "우리의 행위가 받을 가치가 있기 때문에"as our works deserve와 어떻게 다른가?
당신은 이것을 세밀하게 구별할 수 있는가?
나는 그렇게 할 수 있을지 의심스럽다 …[즉, 그렇게 할 수 없을 것 같다].

⑦ 칭의된 혹은 성화된 상태에 대해서 말하는 것은 자연스럽게 사람들을 한 순간에 발생했던 어떤 사건에 신뢰를 두도록 이끌어서 그들을 오도하는 경향이 있지 않은가?
반면 우리는 매 순간 우리의 행위에 따라서 하나님을 기쁘게도 혹은 불쾌하게도 하는데 말이다 ….**11**

이들 회의록은 이후 5년 동안 이어진, 격앙되고 비극적인 논란을 점화시켰다. 여기에서 웨슬리의 부관副官인 존 플레처와 토마스 올리버스Thomas Olivers, 1725-1799는 토플레이디, Augustus Montague Toplady, 1740-1778 힐 형제들, the Hill brothers**12** 그리고 베리지 John Berridge, 1716-1793에 대항하여 격렬한 학문적 주먹질을 교환했다. 그러는 동안 부흥 운동에 대한 칼빈주의자와 알미니우스주의자들의 분리는 더욱 심화됐다.

그러나 우리들에게 적절한 한마디를 하자면, 그것은 바로 이들 회의록의 내용들이 신학적으로 서투르다고 묵살하는 것이 옳지 않듯이(비록 1771년 집회에서 감리교도들은 자기들이 경솔했었다는 점을 인정했지만) A. W. 해리슨을 따라 회의록의 내용에 "외관상으로는 악의가 없다"고 말하는 것도 옳지 않다.**13**

---

11 다음 자료에서 인용함. Colin Williams, *John Wesley's Theology Today* (London: Epworth Press, 1960), pp. 61 이하. 이 회의록이 불러일으킨 논쟁 과정의 자취는 다음 자료를 보라. Harrison, *Arminianism*, pp. 204 이하.
12 역주: 리처드 힐(Richard Hill, 1732-1808), 로랜드 힐(Rowland Hill, 1744-1833) 형제를 말한다.
13 Harrison, *Arminianism*, p. 206. 1771년 감리교도 집회에서는 다음과 같이 선언됐다. "[1770년도의] 회의록은 표현된 대로 충분히 신중하지 않았기 때문에 우리는 여기에서 엄숙하게 선언한다. 하나님 앞에서 우리는 삶, 죽음 혹은 심판 날에 우리 주님의 공로 외에는 신뢰나 확신을 가지지

이 회의록의 내용들은 사실은 긴장과 비일관성에 대한 좋은 본보기들이다. 복음에 대한 사람의 반응을 사람 자신의 기여로서 다루는 것과 은혜의 지속을 그 사람의 지속적인 반응에 따른 할당분으로 다루는 데 충실한 어떤 알미니우스주의자가 행위가 아니라 믿음을 통하여 은혜로 말미암은 칭의라는 종교개혁의 교리를 언급하려고 시도하자마자 이런 긴장과 비일관성이 불가피하게 발생하고 만다.

알미니우스주의자가 말하는 교리는 그가 무엇이라고 부르든지 간에 실상은 행위에 의한 칭의로서 드러나고 말 것이다. 그러나 아무도 확신 있는 태도를 가지고 실제로 이 문제를 정확하게 재단해 낼 수는 없다. 그렇게 해 보려는 웨슬리의 다양한 시도들은(그리고 그는 꽤 많은 시도를 했다) 스카우트 단원들의 노래를 아래와 같이 모방해 보게 한다.

> 그들은 그 일을 해결할 수 없다고 말했네.
> 그는 "그건 별거 아니야!"라고 말했네.
> 그는 미소를 띠며 그 일에 부딪혔다네.
> 그러나 그는 그 일을 해결할 수 없었다네.[14]

않으며, 비록 선한 행위를 하지 않는 사람은 실제적으로 기독교 신자가 아니지만(그리고 결과적으로 구원 받을 수 없지만) … 그러나 우리의 행위는 처음부터 끝까지 전체적으로나 부분적으로나 우리의 구원을 얻거나 혹은 자격을 부여하는 일에 관련이 없다.

14 역주: 여기서 '그들'은 구원에 있어서 행위와 믿음의 문제를 알미니우스주의 안에서 정확하게 재단해 낼 수 없다고 보는 사람들을 의미하고, '그'는 여기에서 그런 시도를 했던 웨슬리를 암시하는 것 같다.

이 문제는 우리를 다음 장으로 데려다 준다.

요약

1) 웨슬리는 믿음을 결단이 아니라, 성령의 내적 증거의 종속적인 결과인 신뢰와 확신의 복합체로 생각했다. 이 점은 종교개혁가들이 정의한 믿음과 상통한다.
2) 그러나 때때로 웨슬리는 반(反)율법주의적 경향을 피하기 위해 구원에 '기여하는' 인간 편의 의무를 강조함으로써 알미니우스주의적 도덕주의의 늪을 스쳐지나간다. 이것은 행위에 의한 칭의에 문을 열어 주는 결과를 낳는데, 웨슬리에게 있어서 이런 혼란을 정확하게 평가하기는 곤란하다.

더 읽을 자료

- 웨슬리가 반대한 것은 진정한 칼빈주의가 아니라 초(超)-칼빈주의(hyper-Calvinism)임을 보여 주는 다음의 논문은 매우 유용하다. 김홍만, "존 웨슬리가 본 칼빈주의," 「한국개혁신학」 32 (2011), pp. 15-46.

- 페터 레인와 킹스우드 공동체 안에서 벌어진 예정 교리 논쟁에 관해서는 다음의 논문을 참고하라. 김영한, "예정 교리에 관한 휫필드와 웨슬리의 논쟁," 「신학지남」 80:3 (2013), pp. 308-367.

제6장

칼빈주의와 알미니우스주의 사이의 분열

1. 알미니우스주의의 다양성과 공통된 특징

여기에서 관점이 달라진다. 어떤 사람들은 신학적인 흑백 논리의 관점에서 분열을 극대화한다. 예를 들어, 17세기에 프린William Prynne, 1600-69은 "알미니우스주의자는 도둑이요 강도"라고 말했고, 프란시스 라우스Francis Rous, 1579-1659는 의회parliment에서 "알미니우스주의자는 로마 가톨릭 신자가 낳은 알"이라고 말했다. 그리고 우리가 본 것처럼 18세기에 웨슬리 형제들은 칼빈주의는 신성모독적이고, 사악하고, 영적으로 파괴적이라고 세상에 외쳤다. 이후 많은 사람이 양쪽의 평가들에 각각 호응했고 그렇게 그대로 문제를 남겨 놓았다.

그러나 보다 분별력 있는 접근은 도르트 총회의 자문 신학자들periti 중 한 명이었던 윌리엄 에임스William Ames, 1576-1633에 의해 나타난다. 그는 다음과 같이 썼다.

항변자들의 관점은 그들의 대다수의 지지자들에 의해 받아들여졌는데, 엄격하게 이단은 아니지만[즉, 복음에서 벗어난 큰 잘못이다] 이단으로 갈 경향성을 가진 위험한 오류다. 그러나 그들 중 일부가 견지하고 있는 바는 펠라기우스주의 이단이다. 왜냐하면 그들은 회심을 위한 내적 은혜의 유효한 작용을 부인하기 때문이다.[1]

에임스의 말은 알미니우스주의들이 다양하다는 사실을 우리에게 일깨워 주므로 일괄적인 판단은 유효하지 않다. 종교개혁 이후의 세미-펠라기우스주의의 형태들은 각각의 장점에 따라서 판단되어야 한다. 에임스가 옳다. 에임스의 이 논문에서 조사된 사실들은 분별력의 필요성을 분명하게 보여 준다.

그러므로 화란식 알미니우스주의의 어떤 형태보다 웨슬리주의에 좀 덜 매정해야 하는 것이 분명 온당하다. 왜냐하면, 명료성과 일관성은 잃어버렸으나 복음의 진척에 있어서 웨슬리의 가르침은 믿음의 성격, 성령의 증거, 그리고 유효적 부르심과 관련된 종교개혁의 진리를 꽤 많이 포함했기 때문이다.

우리가 말할 수 있는 바는 웨슬리의 알미니우스주의는 그 자체의 모순을 해결하기 위한 수단들을 상당히 포함하고 있다!

또한, 웨슬리의 알미니우스주의가 가지는 복음적이고 종교적인 동기는 항변파의 입장과는 다른 범주에 속하도록

---

[1] Ames, *De Conscientia*, IV:iv, p. 4. 다음 자료의 라틴어로부터 인용했다. William Cunningham, *Historical Theology* (London: Banner of Truth, 1960), II:378.

만든다.

그런데 알미니우스주의는 왜 이렇게 다양한가?

최종적인 해답은 이것이다. 알미니우스주의자들 각 개인이 변덕스러워서가 아니라, 모든 알미니우스주의적 입장들이 원천적으로 그리고 원리적으로 불안정하기 때문이다. 알미니우스주의는 하나의 미끄러운 비탈이다. 그래서 어디든지 항상 제멋대로 미끄러져 내려가 멈춘다.

모든 알미니우스주의는 철학적 공리axiom에 따라 성경의 각 부분을 읽는 이성주의적 해석에서 출발한다. 그런데 그 철학적 공리가 말하는 바는 하나님께 책임 있는 존재가 되기 위해서 사람의 행위가 그 자신과 관련하여 반드시 부수적으로 일어나야만 한다는 것이다. 모든 알미니우스주의는 하나님의 주권과 십자가의 효능에 대한 이성주의적 제한과 관련이 있는데, 이러한 제한은 성경에 직접적으로 반하는 것으로 보인다.

모든 알미니우스주의는 어느 정도 신-인 협력주의와 관련되는데, 그것이 강하거나(내가 나 자신을 구원하도록 하나님께서 내게 협력하신다) 그렇지 않으면 약할 뿐이다(하나님께서 나를 구원하시도록 내가 하나님께 협력한다). 모든 알미니우스주의자들은 각 사람이 지금 여기서 하나님에 관해 알고 있는 바에 단지 반응함으로써 구원 받을 수 있음을 단언한다는 점에서 복음을 듣는 것이 필수적이지 않다는 점을 암시한다.

알미니우스주의들 사이에 있는 차이점을 분석하기 위한 올바른 방법은 그들이 위의 원리들을 얼마나 많이 채택하는지 그리고 그런 원리들을 억제하기 위해 복음주의적인 확인과 균형을 얼마나 많이 수용하는지를 묻는 일이다.

우리는 이 모든 점과 관련하여 정확히 3가지 사항을 제시한다.

2. 알미니우스주의에 대한 3가지 진단

1) 하나님의 절대 주권, 인간의 책임, 구속사적 성취와 구원론적 적용의 연결이 있는가?

첫째, 성경은 우리가 알미니우스주의자의 길을 따라 단 한 걸음을 내딛는 것도 금지한다. 성경은 도르트 총회가 강조했던 입장을 분명하게 단언한다. 즉 하나님의 절대적 주권, 우연성 혹은 불확정성이 조금도 없는 인간의 책임(행 2:23을 보라!), 그리고 그리스도의 사역에 의해 성취된 구속과 그 구속의 적용 사이에 있는 직접적인 연결을 단언한다. 예수의 이름 그 자체가 다음과 같은 하나의 선포이다.

> 그가 자기 백성을 그들의 죄에서 구원할 자이심이라(마 1:21).

이 말씀은 우리에게 예수께서 모든 사람을 구원 받게 하실 것이라고 말하지 않으며, 예수께 속한 사람들을 예수께서 실제로 구원하실 것이라고 말한다. 그리고 성경이 시종일관 이러한 어법 terms 으로 말하고 있다.[2]

---

2 성경이 "칼빈주의적" 어법으로 말한다는 것을 가장 인상적으로 장중하

2) 하나님을 의존함으로 누리는 자발성과 송영이 있는가?

둘째, 만일 우리가 알미니우스주의자의 길을 따라 여행하면, 우리가 잃게 되는 귀중한 것이 3가지 있다.

① 우리의 구원에 있어서 하나님의 주권에 대한 분명한 지식.^{knowledge}
② 자신의 백성들의 구원자이신 그리스도의 영광에 대한 분명한 시각.^{sight}
③ 은혜언약 안에 있는 그리스도인의 영원한 안전에 대한 분명한 감지.^{sense}

또한, 우리의 경건이 우리의 원리에 부합하거나 그 원리를 넘어서지 않다면(예를 들어, 존 웨슬리의 경건이 그렇게 보였던 것처럼), 우리의 경건은 현재의 매 순간에 모든 것들—미래의 구원, 이생의 복, 하나님께 대한 나 자신의 현재적 유용성—이 '내가' 만드는 기회들과 이미 주어진 자원들의 사용에 의존한다고 생각할 수밖에 없을 것이다. 왜냐하면 내가 해야

게 설명하는 것은 존 오웬의 다양하면서도 방대한 분량의 저작들이다. 특별히 다음 자료들을 보라. *The Death of Death in the Death of Christ*(역주: 라틴어 제목은 *Sanguis Jesu Salus Electorum*[예수의 피는 택자들의 구원]이다); *Justification by Faith*; *The Doctrine of the Saints' Perseverance*; Πνευματολογια(중생에 대하여); *Vindiciae Evangelicae* (Works, X, V, XI, III, XII). 경쟁적인 개념들 간의 차이점에 대해서 영어로 발표된 고전적인 분석은 다음 자료에 남아 있다. 오웬의 *Display of Arminianism* (Works, X); William Cunningham, *Historical Theology*, 제XXV장, II:371-513.

하는 것을 나로 하여금 할 수 있게 만드신 하나님은 뒤로 물러나셔서 내가 지금 여기에서 그 일을 수행할 것인지 아닌지를 보기 위해 기다리실 뿐이기 때문이다.

그러므로 하나님께 대한 의존보다는 자기 의존,^{Self-reliance} 자발성보다는 긴장,^{strain} 송영을 위한 하나님 중심적인 감각을 억제하고 무작정 헌신에 몰입하게 만드는 인간중심주의적인 고정성^{anthropocentric fixity}이 우리의 기독교적 삶의 특징이 되고 말 것이다.

그리고 하나님의 능력에 의해 매 순간 보호되고 지지받고 있음을 스스로 알았던 바울, 조지 휫필드,^{George Whitfield, 1714-1770} 스펄전^{C. H. Spurgeon, 1834-1892}처럼, 탁월하게 하나님을 섬겼던 일꾼들에 의해 증명된 내적인 안위와 흥겨움은 이런 것들을 알지 못하는 우리를 상대적으로 낯선 사람처럼 여길 것이다.

자기 의존, 긴장, 인간중심주의적인 고정성은 로마 가톨릭이 그들의 신자들을 빈곤하게 만드는 것과 동일한 방식으로 하나님의 자녀들을 빈곤하게 하므로 슬픈 것이고 슬프게 만드는 것이며 손실들이다. 성경은 로마 가톨릭과 알미니우스주의 신학들이 하나님의 자녀들로 하여금 소유하도록 허용하는 것보다 더 많은 평안과 기쁨을 제시하고 있다. 이 점에서 본다면 적어도 다음과 같은 라우스^{Francis Rous, 1579-1659}의 의견은 변함없이 유효하다.

로마 가톨릭주의와 알미니우스주의는 서로 너무도 유사하다는 것을 보여 준다.

제6장 칼빈주의와 알미니우스주의 사이의 분열

3) 칼빈주의의 편협함에 대한 교정인가?

셋째, 우리는 칼빈주의자라고 자처하는 이들이 17세기와 18세기 그리고 이후 지금까지도 알미니우스주의의 길을 따라가는 사람들의 순례에 대하여 어떤 유형의 책임을 지고 있다는 점을 인식해야 한다. 우리가 본 것처럼 알미니우스주의는 하나의 반응인데, 이런 반응을 만들어 내는 한 가지 요소는 밀드레드 뱅스 웨인쿠프Mildred Bangs Wynkoop, 1905-1997가[3] 정의한 것에 따르면 칼빈주의의 신학적인 편협함provincialisms이라는 것을 부인할 수 없는 것 같다.[4] 그녀가 정의한 칼빈주의는 다음과 같다.

> 전체적인 진리의 지위로 승격된 어떤 부분적인 진리이다. 혹은 다른 강조점들은 등한시하면서 신학의 한 부분에만 가해진 지나친 강조이다.[5]

(1) 칼빈과 칼빈주의: 형식의 변형, 내용의 연속성
칼빈주의란 무엇인가?
바실 홀Basil Hall, 1888-1983은 이렇게 말한다.

---

[3] 역주: 그녀는 나사렛 교단에서 안수 받은 미국의 목사로서 교육가, 선교사, 신학자로 활동했다.
[4] 역주: 여기에서 패커 박사가 의도하는 바는 칼빈주의 자체가 편협하다는 것이 아니라, 칼빈주의가 상황에 따라 때때로 이런 식의 인상을 줌으로써 알미니우스주의와 같은 반응이 나오게 됐다는 것이다.
[5] Mildred Bangs Wynkoop, *Foundations of Wesleyan-Arminian Theology* (Kansas City: Beacon Hill Press, 1967), p. 81.

> [칼빈의] 신학적인 교리의 주의 깊은 균형감 그리고 시민 권력과 연계된 제네바교회에 대한 그의 조직, 이것들이 '칼빈주의'라고 온당하게 불려져야 하는 것을 구성한다.[6]

그리고 홀은 베자와 청교도 신학의 설계자인 퍼킨스 둘 다가 칼빈이 유지하려고 했던 교리의 균형을 어떻게 "왜곡시켰는지"(이 단어에는 어떤 가치 판단이 있다. 그러므로 단순히 "바꾸었는지"라고 말하는 것이 나을 것이다)에 주의를 기울인다.[7]

베자는 칼빈주의를 보존되어야 할 교회 교리의 유산이요, 아리스토텔레스주의적 범주들로 가장 잘, 충분히 사고되고 아리스토텔레스주의적 객관성으로 분석된 정통으로 보았다. 그러므로 베자는 개혁주의 스콜라 철학의 선구자가 됐다. 그는 타락전예정설, 원죄, 그리고 특정한 구속에 대한 교리적 진술들을 꼼꼼한 정밀성을 가지고 표현했는데, 이것은 칼빈이 한 일이 아니다. 그러나 칼빈의 사상이 이런 것들을 가리키고 있음은 사실이라고 볼 수 있다.

신학적인 교리들의 배열과 상호 관계라는 측면에서 볼 때, 칼빈은 『기독교 강요』 최종판(1559)에서 예정을 제3권의 복음과 그리스도인의 삶 이후에 두어서, 마치 로마서 8:29-38처럼, 드러난 구원을 뒷받침하는 것으로 보이게 했지만, 베자는 칼빈과는 다르게 예정의 위치를 중세 사람들이 했던 것처럼 한 번 더 신론과 섭리론 아래 포함시켰다. 이것은 복

---

[6] Basil Hall, "Calvin against the Calvinists," in *John Calvin*, ed. Gervase E. Duffield (Abingdon: Sutton Courtenay Press, 1966), p. 19.

[7] Hall, "Calvin against the Calvinists," p. 25

음의 약속들에 비추어 예정을 연구하는 것이 아니라, 예정에 비추어 복음의 약속들을 연구하도록 초대하는 것이다(이런 방식은 애석하게도 웨스트민스터 신앙고백에도 나타난다).**8**

칼빈은 그리스도인의 확신을 성경, 그리스도, 교회의 일

---

8 역주: 패커 박사는 여기서 의미하는 바는 웨스트민스터 신앙고백 역시 예정 교리를 구원을 뒷받침하는 자리에 두지 않고, 신론의 영역에서 다루고 있다는 것이다. 웨스터민스터 신앙고백에서 예정 교리는 "제2장 하나님과 거룩한 삼위일체"와 "제4장 창조" 사이에 제3장으로서 위치한다. 패커 박사는 "애석하게도"(regrettably)라는 표현을 씀으로써 구원 받은 신자가 하나님의 구원의 은혜를 회고하는 방식으로 예정 교리에 접근하기를 선호하고 있음을 일면 보여 준다. 그러나 웨스트민스터 신앙고백 제3장 8항도 예정 교리가 회고적 관점에서 다루어져야 함을 분명하게 시사해 준다. "이 높은 신비의 예정 교리는 특별한 신중함과 주의를 가지고 다루어져야 하는데, 하나님의 말씀에 속에 계시된 하나님의 뜻에 주의하고, 그 뜻에 대한 순종을 낳는 사람들은 그들의 유효한 소명의 확실성으로부터 그들의 영원한 선택을 확신할 수 있게 된다. 그러므로 이 교리는 하나님께는 찬양, 위엄, 숭앙의 요소를, 그리고 복음에 진지하게 순종하는 모든 사람들에게는 겸손, 근면, 그리고 풍성한 위안의 요소를 산출할 것이다." 최윤배 교수는 칼빈의 예정론에 대하여 다음과 같이 주장했다. "칼빈은 예정론을 취급할 때 소위 하나님의 주권성과 독자적 활동성이라는 사상으로부터 은혜의 선택을 구축하지 않고, 예정을 구원론의 한 부분으로 정초시켰다. … 예정론을 사변적인 관점에서 다루지 않고, 예정론의 교회론적, 목회적 관점에 주의를 기울인 Augustinus와 Bucer의 영향을 받을 뿐만 아니라, 자신의 신앙체험과 성서연구 등을 통해서 칼빈은 그의 예정론을 발전시켰다." 최윤배, "논의 중에 있는 칼빈의 예정론," 「현대와 신학」 25 (2005), pp. 322, 328. 후기 개혁신학에서 예정론이 신론이라는 표제하에 들어오게 된 원인은 피터 마터 버미글리(Peter Martyr Vermigli, 1499-1562)가 신학에 있어서의 아리스토텔레스적 방법론을 사용했기 때문이라고 보기도 한다. 따라서 신적 작정에서 출발하여 개별자에게로 내려가는 식의 연역적인 방법이 후기 개혁신학에 영향을 주었다. 다음 논문의 각주를 참고하라. 김종희, "타락전-타락후예정론 논쟁과 칼빈의 예정론"(논문 내 각주 17번).

원이 되는 것, 그리고 성례들을 받는 것에 두었지만, 퍼킨스는 이와 달리 그리스도인의 확신이 자신 안에 있는 택하심의 [내적] 표지들을 식별함에 있다고 보았다. 그러므로 퍼킨스와 베자는 칼빈의 신학으로부터 이동한 것이다. 그들이 칼빈과 상충되게 신학적 이동을 했다고 판단되든 안 되든 말이다.

이로 말미암아 오늘날 자신을 칼빈주의자라고 부르는 많은 사람들은 베자가 죄와 은혜에 대한 칼빈의 관점을 스콜라주의적으로 발전시킨 것이 도르트 총회와 웨스트민스터 총회의 신학자들Westminster divines에 의해 고백적으로 재진술됐다고 자신들이 인정함을 자랑스럽게 드러내 보이는 셈이다.

그리고 이들 칼빈주의자들은 하이델베르크 교리문답, Heidelberg Catechism 잉글랜드 청교도주의,English Puritanism 그리고 휫필드와 에드워즈Jonathan Edwards, 1703-1758에서 스펄전으로 이어지는 부흥의 전통 안에서 발견되는 이러한 신학적 발전을 목회적, 경건생활적, 그리고 복음전파적으로 사용하는 것에 가치를 부여한다. 따지자면 이런 것들 역시 직선적이든 탈선적이든 간에 칼빈 자신의 신학으로부터의 이동이다.[9]

---

9   역주: 패커 박사는 여기에서 칼빈 자신의 신학과 칼빈주의 간의 관계를 '형식의 변형, 내용의 연속성'이라는 차원에서 말하는 것 같다. 황대우 교수의 언급을 참고하라. "칼빈과 칼빈주의 사이의 연속성과 불연속성과 관련된 현대학자들 사이의 논쟁은 이러한 역사적 배경을 어떻게 이해하고 해석할 것인가와 결부되어 있다. 칼빈과 칼빈주의 사이에 연속성에 역점을 둔 학자들은 베자를 포함한 칼빈주의가 칼빈의 핵심적인 사상을 후대에 잘 전수한 것으로 평가한다[이런 입장을 취하는 신학자들로는 구마(L. Goumas), 머레이(J. Murray), 패커(J. I. Packer), I. 맥피(McPee), 헬름(P. Helm), 레인보우(J. H. Rainbow) 등이 있으며 최근에

(2) **편협함에 대한 경고**

이렇게 왕성하게 발전된 전통 속으로 그러한 신학적 이동과 어떤 신학적인 편협함이 들어갈 수 있었을 것이라는 점을 부인하는 것은 대담한 사람이나 취할 행동이다. 특별히 다음과 같은 질문을 해 볼 때 말이다.

복음 안에서 그리스도의 초청이 갖는 진정한 보편성 및 참됨뿐만 아니라 그 초청에 대한 반응으로서 하나님 앞에서의 인간의 참된 책임도 어둡게 하거나 의심스럽게 만드는, 하나님의 주권적인 예정에 대한 어떤 강조가 신학적인 편협함에 대한 하나의 본보기라는 점이 부인될 수 있는가?

유혹에 저항하는 현재적인 능력과 거룩함이 진보한다는 기대를 간과하거나 배제시킴으로써 신자의 지속적인 사악함을 옹호하는 방식의 강조는 [신학적인] 편협함의 또 다른 본보기라는 점이 의심될 수 있는가?

그러나 바로 이런 비종교적으로 보이는 편협성들과 부딪쳤던 정서가 17-18세기의 알미니우스주의들에 대한 지지자

는 멀러 교수를 포함한 듀크(Duke) 학파의 신진학자들이 이 견해를 주도해 가고 있다]. 반면에 불연속성에 강조점을 둘 경우에는 칼빈주의가 칼빈의 신학에서 이탈했으며, 때론 그의 핵심적 사상들을 오도했다고 결론 내린다[이러한 견해를 보편화시킨 장본인은 칼 바르트(K. Barth)이며, 그의 신학에 영향 받은 모든 역사가들이 이 견해를 지지한다. 베버(H. E. Weber), 비저(E. Bizer), 키컬(W. Kickel), 홀(B. Hall), 암스트롱(B. Armstrong), 켄달(R. T. Kendall) 등 아마 현대 종교개혁 연구가들 가운데 노장파에 속한 대부분이 이 입장에 서 있다]. 이 둘 사이의 장벽은 높다." 황대우, "칼빈과 칼빈주의: 리처드 멀러 교수의 견해에 대한 비판적 고찰,"「한국개혁신학」 13 (2003), p. 146. [ ] 처리한 것은 해당 논문의 각주 내용임.

들을 낳았고 그들에게 힘을 실어 주었다. 17-18세기의 알미니우스주의자들은 자신들이 이런 편협성을 이성적이고 정중하게 교정하도록 부름 받은 것으로 보았다. 우리는 이런 불행한 오류, 즉 알미니우스주의를 촉진한 것이 부분적으로는 잘못된 칼빈주의였음을 인식해야만 한다.[10]

그러므로 여전히 알미니우스주의는 개혁주의의 가르침에 대한 창의적인 대안이 아니라 개혁주의적인 가르침으로부터 나온 하나의 반응으로서 신학적인 궁핍함을 가져오는 것으로 진단되어야 하며, 이는 모든 은혜를 주시는 하나님에 대한 성경적인 믿음을 부분적으로 부인하는 것과 관련된다고 결론 내릴 수 있다.

알미니우스주의의 일탈은 몇몇 경우에 있어서 다른 경우와는 달리 덜 심각하다. 그러나 모든 경우에서 그러한 일탈은 책임 있는 경고와 온정적인 교정을 필요로 한다. 알미니우스주의 원리들의 논리적인 결론은 순전한 펠라기우스주의가 되겠지만, 어떤 알미니우스주의자도 자신의 원리들을 펠라기우스주의에 연결해서 취하지는 않는다. 그렇게 하지 않으면 사람들은 그를 펠라기우스주의자라고 부를 것이고, 그렇게 될 것이다.

그러므로 칼빈주의자들은 자신을 알미니우스주의자라고 부르는 이들을 연약한 신학적인 오류들에 빠진 형제 복음주의자들로 보고 다가가야 한다. 그리고 더 나은 견해를 가질

---

[10] 역주: 패커 박사는 이 문장에서 이러한 편협성들이 올바른 칼빈주의가 아닌 잘못된 칼빈주의의 특성임을 밝힌다.

수 있도록 그들을 도울 방법을 찾아야 한다.

요약

1) 알미니우스주의들 간에는 신-인 협력적 체계에 있어서는 동일하지만, 복음적 성격에 있어서는 다소간의 차이가 있으므로 일괄적으로 판단할 수는 없다.
2) 칼빈주의는 칼빈의 가르침을 왜곡시켰다고 볼 수는 없으나, 초점과 구성에 있어서, 즉 형식에 있어서는 변화가 있다. 이는 '형식의 변형, 내용의 연속성'으로 보는 것이 합당하다.
3) 알미니우스주의는 칼빈주의에 대한 창의적인 대안이 아니라 잘못된 칼빈주의의 관점에 대한 반응으로부터 나온 것으로 신학적인 결핍을 가져온다.
4) 칼빈주의자들은 복음주의적 알미니우스주의자를 형제로 인식하고 보다 나은 신학적인 정신을 가질 수 있도록 도울 수 있어야 한다.

더 읽을 자료

- 그리스도의 대속에 대한 지적 동의에 기반하는 믿음, 즉 샌디맨주의(Sandemanianism)와 의지의 행위로써 도식화된 기도(영접기도, 회개기도, 결심기도 등)의 통과를 강조하는 세미-펠라기우스주의적 접근이 혼합된 신-샌디맨주의(neo-Sandemanianism)는 현대 알미니우스주의의 유형

가운데 하나로 볼 수 있다. 자세한 내용은 다음 자료들을 참고하라. 이스데반, 『중생이란 무엇인가』(서울: 부흥과개혁사, 2012), pp. 92-101. 신-샌디맨주의는 패커 박사가 이 책 제2장의 "2) 각각의 귀결"에서 이성주의적 알미니우스주의에 대하여 말한 대로 "이 관점은 믿음을 회개와 동화시켜서, 믿음이 구원을 결정하는 하나의 인간적인 일처럼 보고 느낄 수 있게 만든다." 사영리 전도지에는 다음과 같이 적혀있다. "우리는 의지의 행위인 믿음으로 예수 그리스도를 영접합니다. … 당신은 바로 지금 이 자리에서 기도로 그리스도를 영접할 수 있습니다." 또한 사영리 전도지에는 회개에 대한 참된 의미와 진지한 요청이 실제적으로 드러나 있지 않다. 빌 브라이트, 『4영리에 대하여 들어보셨습니까?』(한국대학생선교회 역간, n. d.), pp. 9-10.

- 윌리엄 에임스의 생애와 신학에 대한 간단한 내용은 다음의 자료를 참고하라. 주도홍, "윌리엄 에임스," 『칼빈 이후의 개혁신학자들』(부산: 고신대학교 개혁주의학술원, 135-156).

- 패커 박사는 항변파(또는 이성주의적) 알미니우스주의, 복음주의적(또는 웨슬리안) 알미니우스주의, 백스터주의(또는 신율법주의), 그리고 예정의 관점에서 칼빈주의와 알미니우스주의의 절충을 시도한 아미랄두스주의를 제시하였다. 현대에는 샌디맨주의, 신-샌디맨주의, 바울에 대한 새 관점(New Perspective on Paul: NPP), 페더럴 비전(Federal vision)의 칭의론 등이 알미니우스주의의 변형으로 대두되어 있다. 이를 위해 다음의 자료등을 참조하라. 박재은, 『칭의, 균형 있게 이해하기』(서울: 부흥과개혁사, 2016), pp. 61-99.

제7장

알미니우스주의의 원인과 그 치유책

1. 칼빈주의자의 반성

사탄의 사악함과 인간의 마음의 본성적인 어두움은 의심의 여지 없이 다양한 형태의 알미니우스주의에 기여해 온 원인들이다. 그러나 우리가 이미 지적해 온 바와 같이 역사 가운데 알미니우스주의를 직접 산출한 것은 꼭 정확한 것은 아니지만 칼빈주의의 이미지에 대한 반응이다.

알미니우스주의자들은 4가지 성경적인 실재들을 공정하게 다루는 일에 관심을 가진 사람들로 보인다.

① 하나님의 사랑.
② 그리스도의 영광.
③ 사람의 도덕적인 책임.
④ 기독교적인 거룩함에로 부르심.

알미니우스주의자들이 보편 속죄, 보편적으로 충족한 은혜, 하나님께 반응하는 사람의 능력, 반응함에 있어서 사람의 독립성, 선택 받음의 조건인 성격을 단언하는 이유는 이런 주장들이 그들이 스스로 인정한 목표, 즉 4가지 성경적인 실재들을 공정하게 다루는 일을 위한 수단으로서 필요하다고 생각하기 때문이다.

그런데 칼빈주의자들은 이런 4가지 실재들을 보호하려는 알미니우스주의적 방법은 사실상 알미니우스주의자들을 위험에 빠뜨린다고 믿으며, 그 결과에 대하여 강력하게 논증할 수 있다. 그러나 사람들은 칼빈주의자들이 이러한 실재들에 대하여 동일한 관심을 보일 때만 그들의 말에 경청할 수 있을 것이다.

그리고 만일 칼빈주의자들의 칼빈주의가 딱딱하고, 차갑고, 탁상공론적이고, 하나님과 사람에 대한 사랑이 결핍되어 있고, 복음전도에 대한 열정이 부족하고, 부드러운 양심과 타오르는 심령 모두 결핍된 것으로 드러난다면, 그들은 자신들의 논증이 알미니우스주의자들을 설득하는 일에 실패한다고 해서 이상하게 생각해서는 안 될 것이다.

어쨌든 이 세상에 존재하는 알미니우스주의가 많은 경우에 있어서, 영적이지 못한 칼빈주의에 대한 반발에 부분적으로 기인해 왔다는 사실은 우려되는 점이다. 필자는 이 책에서 우리가 살고 있는 현재의 상황에 대하여 일반화시키려는 시도를 신중하게 피하고자 한다. 그러나 현재 알미니우스주의(혹은 어쩌면 이것을 그 자체로 반[反]-칼빈주의라고 부를 수 있다)에 반대하고 있는 사람들은 거룩하고 애정 어린 태도와 행동을 통해 자신들의 교리를 진전시켜 나가지 않은 채로 칼빈주의를 내세우는 일을 해 온 것은 아닌지 곰곰이 생각해 보아야 할 것이다.

2. 알미니우스주의에 대한 치유책

알미니우스주의는 어떻게 치유될 수 있는가?

궁극적으로 오직 하나님만이 사람의 이해력을 올바르게 하실 수 있다. 오직 하나님만이 우리의 마음을 올바르게 하실 수 있는 것처럼 말이다. 그러나 칼빈주의자의 편에 서 있는 우리들이 다음과 같은 내용들을 새롭게 배운다면 치유의 길은 열릴 수 있을 것이다.

- 참된 신학은 고백적이며 가감 없이 성경에 충실하게 부합해야 한다.
- 하나님께서 주님으로 있는 세상 속에서 인간의 도덕적인 작용과 책임의 실재는 우리가 겸손하게 인식하는 창조의 신비들 중 하나이지만, 우리가 모든 것을 알고 있는 척하지 않아야 한다.
- 하나님께 대하여 반응하는 일에 있어서의 전적 무능력은 진실로 인간의 비극의 일부이다.
- 하나님의 구속하시는 사랑은 좌절될 수 있는 무기력한 선한 의지가 아니라 심지어 사탄도 막을 수 없는 주권적인 의지이다.

- 모든 중생한 사람의 마음속에는 삼위일체 하나님 홀로 우리를 구원하신다는 것이 성경적인 주장임을 확신하도록 만드는 증거가 있다.
- 복음을 듣는 사람마다 하나님은 복음 안에서 용서와 생명을 제공하신다.
- 복음을 듣는 사람은 자신의 불신앙에 의해서만 이 복을 놓친다.
- 기대감을 가진 복음전도는 모든 그리스도인의 의무이다.
- '하나님'이 구원하신다는 것이 참된 지식이다.
- 하나님은 우리의 기대를 지지하는 자신의 말씀을 공허하게 내보내지 않으신다.
- 우리들의 관점에서 본다면 유기된 사람들이 누구인지 알 수 없다. 그러므로 우리는 유기된 사람 중 심지어 단 한 사람이라도 만났다고 결코 확신할 수는 없다.

우리가 이런 내용들을 알미니우스주의자들에게 설명하기 위해 새롭게 배울 수 있다면, 메마른 알미니우스주의의 환경으로부터 "올바른 방향을 가리키는 옛길"로 많은 수의 하나님의 자녀들이 돌아오는 것을 기대할 수 있을 것이다. 그리고 그들은 그 옛길에서 자신의 영혼에 안식과 생명을 공급하는 권능을 발견할 것이다.

요약

알미니우스주의는 사탄의 사악함과 인간 본성의 타락으로부터 기인하며, 영적이지 못한 칼빈주의에 대한 반발로부터 나온 측면이 있다. 그러므로 칼빈주의자는 알미니우스주의자들에 대하여 거룩하고 애정어린 태도로 참된 신학을 증거할 수 있어야 한다.

부록 1

구원론에 있어서 독력주의 monergism 와 협력주의 synergism

구분	범주	형태	은혜에 대한 관점	믿음의 본질
펠라기우스주의	인 독력주의	자력 구원형	인간은 원죄로 오염되지 않았다. 따라서 전적인 인간 의지의 행위로 구원 가능하다. 은혜는 필수적이지 않다.	행위 구원
세미-펠라기우스주의	인-신 협력주의 [1]	인간 주도형	인간이 먼저 의지를 발휘하여 믿으면 하나님의 은혜가 뒤따라 협력한다.	인간 행위적 관점 [5]
이성주의적 또는 항변파 알미니우스주의	신-인 협력주의 [2]	인간 의존형 [4]	하나님께서 먼저 은혜를 베푸시지만 인간의 의지는 수용과 거부가 가능하다.(수동적 감각)	
복음주의적 또는 웨슬리안 알미니우스주의		신-인 쌍방 협력형	하나님께서 먼저 은혜를 베푸시면 그리스도의 십자가 사건에 의해 보편적으로 회복된 선택의 의지를 가진 인간이 그 은혜에 협력하거나 하지 않을 수 있다.(능동적 감각)	
칼빈주의 또는 개혁주의 신학	신 독력주의 [3]	신 주도형	하나님께서 택자에게 베푸시는 "구원의 은혜"는 인간의 의지를 새롭게 하는데 까지 미치므로, "구원의 은혜"에 저항하여 믿지 않는 사람이 생길 수 없다. 즉, 전능하시고 불변하시는 하나님의 구원의 은혜는 반드시 사람을 구원한다.	은혜의 선물의 관점 [6]

1 세미-펠라기우스주의는 인간의 의지의 발휘에 우선성을 두기 때문에, '인-신 협력주의'라고 할 수 있고, 이점에서 알미니우스주의들과는 차이점이 있다. 오늘날 중생하지 않은 사람에게 영접 기도문을 내밀면서 의지를 발휘하여 믿으라고 내세우는 것은 세미-펠라기우스주의에 근접한 것이다.
2 이성주의적 알미니우스주의와 복음주의적 알미니우스주의는 '신-인 협력주의'를 공유한다.
3 믿음은 전적인 하나님의 은혜의 선물이다(신 독력적). 그러나 구원의 은혜를 받아 중생한 사람은 의지가 새롭게 됐으므로 회심과 성화에 있어서 하나님의 지속적이고 보존하시는 은혜에 협력할 수 있다(신-인 협력적).
4 복음주의적 알미니우스주의에 비하여 상대적으로 인간의 의지 발휘에 있어서 수동적인 느낌이 있지만, 결과적으로 하나님의 은혜는 인간의 의지에 종속되고 만다. 믿음의 본질에서는 인간 행위적 관점이 부각된다.
5 세미-펠라기우스주의와 이성주의적 알미니우스주의는 믿음의 본질에 있어서 인간 의존성을 공유한다. 이점에서 이성주의적 알미니우스주의는 펠라기우스주의적 경향(행위 구원)으로 기운다.
6 복음주의적 알미니우스주의는 믿음의 본질에 있어서 인간 행위적 관점보다는 은혜의 선물로서의 관점을 지지한다. 대체적으로, 복음주의적 알미니우스주의는 믿음의 본질에 대한 관점을 칼빈주의와 공유한다. 그러나 복음주의적 알미니우스주의는 그리스도의 십자가 사건으로 말미암아 보편적으로 회복된 반응성을 가진 인간 개인의 협력이라는 측면에서 "믿음의 발휘"를 강조하고(그 결과로 중생하고), 개혁주의는 성령의 독력적인 역사에 의한 중생을 통해서 "주어진 믿음"을 강조한다. 이 믿음은 중생을 통해 회복된 의지를 통해서 비로소 발휘된다. 따라서, 복음주의적 알미니우스주의에 있어서 중생은 신-인 협력적이고, 개혁주의에 있어서 좁은 의미의 중생은 신 독력적이다. 개혁주의 중생 교리의 변천사에 대해서 다음의 자료를 참고하라. 헤르만 바빙크, 『개혁교의학』 4권 8부 50장 "소명과 중생" (서울: 부흥과개혁사, 2011), pp. 23-103. 중생 교리의 범주와 정의에 대하여 자세한 것은 다음을 참고하라. 이스데반, 『이것이 중생이다』 (서울: 부흥과개혁사, 2013), pp. 18-32.

부록 2

항변자들의 5개 조항[1]

제1조[2]

하나님은 세상의 기초가 있기 전에 그분의 아들 예수 그리스도 안에서 한 영원하고 불변하는 목적에 의해, 타락하고 죄악된 인류로부터 성령의 은혜를 통하여 하나님의 아들 예수를 믿게 되고 그리고 이 은혜를 통하여 마지막 날까지 이 믿음과 믿음의 순종 가운데 인내하게 될 사람들을 그리스도 안에서, 그리스도의 이름을 위하여, 그리고 그리스도를 통하여 구원하시기로 결정하셨다.

반면에, 요한복음 3:36의 말씀과 또한 성경의 다른 구절들을 따라 죄와 진노 아래 있는 구제 불능의 불신자들을 내버려 두시고 그들을 그리스도 밖에 있는 사람들로서 정죄하기로 하셨다.

> 아들을 믿는 자에게는 영생이 있고 아들에게 순종하지 아니하는 자는 영생을 보지 못하고 도리어 하나님의 진노가 그 위에 머물러 있느니라(요 3:36).

제2조[3]

그런즉 세상의 구주 예수 그리스도는 모든 사람과 각 사람을 위하여 죽으셨고, 그래서 그분의 십자가의 죽음에 의해서 그리스도는 그들 모두를 위하여 구속 그리고 죄 용서를 얻으셨다. 그러나 신자를 제외하고는 아무도 실제로 이 죄 용서를 누리지 못한다. 이 사실은 요한복음 3:16과 요한일서 2:2을 따른다.

> 하나님이 세상을 이처럼 사랑하사 독생자를 주셨으니 이는 그를 믿는 자마다 멸망하지 않고 영생을 얻게 하려 하심이라(요 3:16).

> 그는 우리 죄를 위한 화목제물이니 우리만 위할 뿐 아니요 온 세상의 죄를 위하심이라(요 2:2).

제3조[4]

사람은 스스로 구원의 은혜를 소유하고 있지 않으며 자유로운 의지의 힘도 가지고 있지 않다. 그는 배교와 죄의 상태에 있으므로 참으로 선한 것(탁월한 구원의 은혜와 같은)은 어떤 것도 스스로 그리고 홀로 생각하거나, 의도하거나, 행할 수 없다. 그러므로 그는 참으로 선한 것을 올바르게 이해하고, 생각하고, 의도하고, 성취하기 위해서 그리스도 안에서 성령을 통하여 하나님에 의해 거듭나고, 이해, 성향, 의지, 그의 모든 기능이 새롭게 될 필요가 있다. 이것은 요한복음 15:5의 그리스도의 말씀을 따른다.

나를 떠나서는 너희가 아무것도 할 수 없음이라(요 15:5).

제4조[5]

이런 하나님의 은혜는 모든 선한 것에 대한 출발이자 지속이며 성취이다. 심지어 중생한 사람 자신은 선행(先行)하거나 도우며 일깨우시고 후행하며 협력하는 은혜가 없이는 선한 것을 생각하거나 의도하거나 행할 수 없고 악한 것들에 대한 유혹을 이기지도 못하기 때문에, 마음에 품을 수 있는 모든 선한 행위들 혹은 움직임들은 그리스도 안에 있는 하나님의 은혜에 돌려져야 한다. 그러나 이 은혜의 작용 방식의 관점에서 볼 때 이것은 불가항력적이지 않다. 왜냐하면 성령께 저항했다는 내용이 많이 기록되어 있기 때문이다(행 7장 그리고 다른 많은 성경 구절들).

제5조[6]

참믿음에 의해 그리스도와 연합됨으로써, 생명을 주시는 그분의 영에 참여자가 된 사람들은 결과적으로 사탄, 죄, 세상 그리고 그들 자신의 육욕에 저항하고 승리를 얻기 위한 충만한 힘을 가진다. 이것은 성령의 도우시는 은혜를 통하여 지속한다는 점은 잘 이해된다. 그리고 예수 그리스도는 모든 유혹 가운데서 그분의 성령을 통하여 그들을 도우시고, 그분의 손을 그들에게 내미신다. 그리고 만일 오직 그들이 투쟁을 위해 준비되고 예수의 도움을 갈망하고 소극적이지 않다면, 그들을 타락으로부터 지켜 주신다. 그러므로 그들은 요한복음 10:28의 그리스도의 말씀을 따라서 사탄의 속임이나

능력에 의해 오도될 수 없고, 그리스도의 손에서 빼앗길 수
도 없다.

> 그들을 내 손에서 빼앗을 자가 없느니라(요 10:28).

그러나 그들이 태만을 통하여 그리스도 안에서 그들의 생명의 첫 시작을 다시 저버리고, 이 현재적인 악한 세상으로 다시 돌아가고, 그들에게 전달된 거룩한 교리로부터 돌아서고, 선한 양심을 잃고, 은혜를 등한시할 수 있는지의 문제는 우리 자신들이 우리 마음의 충만한 확신으로 그것을 가르치기 전에, 성경으로부터 더욱 상세하게 결정되어야 한다.

---

1 The Five Articles of the Remonstrance(1610). 화란어, 라틴어, 영문은 다음 자료를 참고하라. 여기의 한글 번역문은 다음 자료의 영문으로부터 역자가 번역한 것이다. Phillip Schaff, *The Creeds of Christendom*, Vol. III, (Grand Rapids, MI: Baker Book House, 1990), pp. 545-549. 번역문에 달린 각주는 역주이다.
항변자들의 5개 조항에 대한 도르트 신조의 반박은 다음과 같이 요약된다. "(1) 무조건적 선택과 믿음은 하나님의 선물이다. (2) 그리스도의 죽음은 온 세상의 죄를 속죄하기에 충분할 정도로 풍성하지만, 그 구원의 효력은 택자에게 제한되어 있다. (3) 모든 사람이 죄로 말미암아 그토록 광범위하게 부패되어 있기 때문에, 그들은 자신들의 구원을 위해 힘을 발휘할 수 없다. (4) 하나님은 주권적인 은혜 안에서 그들을 불가항력적으로 부르시고 중생시켜서 새로운 생명으로 인도하신다. (5) 하나님은 구원 받은 자들을 끝까지 보호하신다. 그러므로 신자들이 여러가지 연약함으로 괴로움을 받을때조차도 구원의 확신은 존재한다." M. Eugene Oosterhaven, "The Synod of Dort" in *Evangelical Dictionary of Theology* (Grand Rapids: Baker, 1997), 331-332. 다음 자료에서 재인용. William van Doodewaard, "Remonstrants, Contra-Remonstrants

and the Synod of Dordt (1618-1619): The Religious History of the Early Dutch Republic," *Canadian Journal of Netherlandic Studies,* 28 (2007), pp. 156-157. 또한 다음 자료를 참고하라. 최동규, "알미니우스에 대한 이단성 연구," pp. 52-58.

2   제1조는 예지에 기반을 둔 조건적 선택 개념이다. 이것은 칼빈주의의 무조건적 선택 개념에 대립된다.

3   제2조는 제한적 보편 속죄 개념이다. 이것은 칼빈주의의 제한 속죄 개념에 대립된다. 제1조에서 '구제 불능의 불신자들에 대한 정죄의 결정'은 제2조의 "그분[그리스도]의 십자가의 죽음에 의해서 그리스도는 그들 모두를 위하여 구속 곧 죄 용서를 얻으셨다"라는 설명과 모순된다. 또한, "그분[그리스도]의 십자가의 죽음에 의해서 그리스도는 그들 모두를 위하여 구속 곧 죄 용서를 얻으셨다"라는 진술은 "신자를 제외하고는 아무도 실제로 이 죄 용서를 누리지 못한다"는 설명과도 부합되지 않는다. 제2조는 예수 그리스도가 모두를 위한 구속을 얻으셨지만, 그 구속을 누리는 이는 제한적이라는 의미다. 따라서 예수의 구속은 실제 항상 효력 있는 것이 아닌, 인간 의존적 믿음에 의해 효력이 결정되는 것으로 전락된다. 결국, 제2조는 구원의 성취와 적용을 분리하는 것이기에 구원을 성취하신 그리스도의 속죄 사역과 구원을 적용하시는 성령의 사역은 분리되고, 삼위일체는 깨진다. 곧 제한 속죄의 부인은 필연적으로 삼위일체의 부인이라는 결과를 초래한다. 제2조에 대한 바빙크의 언급은 다음과 같다.

"그리스도의 죽음에 관한 그들의 두 번째 조항은 다른 4개의 조항들과 매우 긴밀하게 연관됐고, 모두 함께 5개 조항은 결과적으로 기독교 전체에 대한 전혀 다른 견해를 수반했다. 만일 그리스도의 희생 제사가 모든 사람을 위해서, 또한 자신들의 불신앙으로 인해 이 희생 제사의 열매를 결코 소유하지 못하는 자들을 위해 바쳐진 것이라고 언급된다면, 이 희생 제사 자체는 성경이 인정한 것과는 전혀 다른 성격을 지닐 것이다. 이런 경우 그리스도의 희생 제사는 신적 공의의 요구에 상응하는 완벽한 속죄, 죄인이 마땅히 받아야 할 형벌에 동등한 것, 죄인을 위한 실제적이고 참된 구원의 획득이 아니라, 자신의 엄격한 의가 아닌 다른 이유들 때문에 하나님이 필연적이고 또한 충분한 것으로 여긴 하나의 본보기적 형벌에 지나지 않으며[흐로티우스의 정치적 속죄설의 경우], 사실 실재적으로 사람을 위해서는 아무것도 획득하지 못했고, 단지 하나님이 '다시 인간을 취급하고 자신이 원하는 새로운 조건들을 규정하고, 그것들의 성취를 인간의 자유의지에 의존하게 하는' 권리와 가능성만을 획득한 것이다. 이로써 더 나아가 율법은 그 절대적인 성격을 빼앗겼고, 신앙과 회개는 새로운 율법으로 이해됐으며

[백스터주의 혹은 신율법주의의 경우], 선택은 단지 속죄 뒤에 놓였을 뿐만 아니라[아미랄두스주의의 경우], 또한 인간의 의지에 의존하게 됐고[알미니우스주의의 경우], 심지어 중보자의 신적 속성조차 불필요한 것이 됐다[소키누스주의의 경우]. … 이 모든 그리고 그와 유사한 추론들은 항변론의 원칙에 포함되어 있었고, 그것들은 점차적으로 그 원칙에서 파생됐다. 알미니우스파가 도르트레흐트 총회에서 정죄됐으나, 타파되지 않았다. 그들의 사상은 루터파 교회와 성공회에 침투했고, 개신교에서 공식적인 교회들로부터 분리된 온갖 종파들에 의해, 침례파, 웨슬리 감리교도, 퀘이커파, 이신론파, 헤른후트파 등에 의해 전수됐으며, 또한 개혁파 교회 내에서도 막강한 영향을 미쳤다"([ ]는 인용자의 첨가임). 헤르만 바빙크, 『개혁교의학』 3권, 박태현 옮김 (서울: 부흥과개혁사, 2011), pp. 569-570(404항).

바빙크는 여기에서 아미랄두스주의, 호로티우스의 통치설(정치적 속죄론), 백스터주의(신율법주의), 소키누스주의가 항변파의 입장과 신학적 연계성을 가지고 있음을 밝히는 셈이다. 보편속죄론의 오류와 관련하여 또한 다음을 살펴보라. 헤르만 바빙크, 『개혁교의학』 3권. pp. 576-585(406항)

4   제3조는 반드시 제4조와 연결해서 보아야 한다. 그렇게 볼 때, 은혜는 반드시 필요하지만, 은혜의 수용 여부는 인간의 의지에 달려 있다고 주장함을 알게 된다. 이점에 있어서 17세기 항변파의 리더 중 한 명으로서 암스테르담에 있는 항변파 신학교에서 가르친 필립 판 림보허(Philip van Limborch, 1633-1712)는 한 걸음 더 나아간다. 림보허에 대하여 존 마크 힉스(John Mark Hicks)는 다음과 같이 비평한다. "림보허의 관점에서 보면 사람은 지성에 영향을 미치는 지식만을 빼앗겼을 뿐이다. 그러나 만일 의지가 지성에 의해 영향을 받으면 의지는 어떤 선한 것을 의도하고 수행하기 위하여 그 자체로써 충분한 능력을 가진다." John Mark Hicks, *The Theology of Grace in the Thought of Jacobus Arminius and Philip van Limborch: A Study in the Development of Seventeenth-Century Dutch Arminianism* (Ph.D. diss., Westminster Theological Seminary, pdf file, 1985), p. 140. 림보허의 관점은 사실상 전적 타락에서 기인하는 전적 무능력을 부인하는 것이다. 논문 파일은 다음 웹 사이트에서 다운받을 수 있다. http://johnmarkhicks.com/70-2

5   제4조는 가항력적 은혜를 말한다. 이것은 칼빈주의의 불가항력적 은혜에 대립된다.

6   제5조는 조건적 견인 또는 견인의 불확실성에 대한 설명으로서 신자의 궁극적이고 최종적인 타락의 가능성에 문을 열어 준다. 이것은 칼빈주의의 성도의 궁극적 견인 교리에 대립된다.

부록 3

람베스 조항[1]

1. 하나님은 영원으로부터 특정한 사람들을 생명으로 예정하셨다.
2. 생명으로의 예정의 동인(動因) 혹은 효력인(效力因)은 예정된 사람 안에 있는 믿음 또는 견인 또는 선행 또는 그 어떤 것에 대한 예지가 아니라 오직 하나님의 선한 의지와 즐거움이다.
3. 예정된 사람들의 특정한 수가 선결정되어 predetermined 있는데 이것은 증가될 수도 줄어들 수도 없다.
4. 구원으로 예정되지 않은 사람들은 불가피하게 그들의 죄 때문에 지옥으로 떨어질 것이다.
5. 참되고 살아 있고 의롭게 만드는 믿음 그리고 성령께서 의롭게 하심 justifying[거룩하게 하심]은 소멸하지 않고 사라지지 않는다. 이것은 택자들 속에서 최종적으로 혹은 전적으로 없어지지는 않는다.
6. 참으로 충성된 사람은 의롭게 하는 justifying 믿음으로 옷 입은 사람이고, 믿음, 그의 죗값의 면제, 그리스도에

의한 영원한 구원을 충만하게 확신하는 사람이다.
7. 구원하는 믿음은 사람들이 의도하기만 한다면 구원 받을 수 있도록 모든 사람에게 주어지는 것도, 허락되는 것도, 전달되는 것도 아니다.
8. 그리스도에게 주어진 사람이 아니라면 그리고 성부께서 그를 이끌지 않으신다면 아무도 그리스도께로 나올 수 없다. 그리고 모든 사람이 성부에 의해 이끌림을 받아서 성자께 나올 수 있는 것도 아니다.
9. 그리스도께 나오게 되는 것은 구원 받게 될 모든 사람의 의지 또는 능력에 의한 것이 아니다.

---

1   The Lambeth Articles(1595). 다음 자료에서 역자가 번역한 것이다. Philip Schaff, *The Creeds of Christendom*, Vol. III (Grand Rapids, MI: Baker Book House, 1990), pp. 523-524.